장콩 선생의
우리 역사
이야기

장콩 선생의 우리 역사 이야기

장용준 지음

3
근대사회

살림Friends

이 책을 읽기 전에

함께 역사 여행을 떠나게 되어 반가워요.
저에게 있어서 역사는 무척 재밌는 놀이터랍니다. 친구이기도 하고요.
그런데요. 대부분의 학생들은 역사와 재밌게 놀지 못하고 있어요.
왜 그럴까요? 그것은 과거 사람들의 다양한 삶을 기록하고 있는 역사를 무조건 외우려만 들기 때문이랍니다. 하지만 역사 공부는 외워서 되는 게 아니랍니다.
왜 그러냐구요? 역사는 과거를 통하여 우리들의 미래 삶을 엿볼 수 있는 거울입니다. 따라서 과거 사람들의 삶 자체를 아는 게 역사 공부의 전부가 아닙니다. 지나간 과거 사람들의 삶을 현재 우리의 입장에서 되돌아보며 우리가 처한 현실과 앞으로 지향해 가야 할 미래상을 그려 보는 것이 제대로 된 역사 공부라고 할 수 있습니다.
제가 이 책의 부제를 '외우지 않아도 저절로 이해되는 신통방통 국사 캠프'로 지은 이유도 여기에 있습니다. 저는 과거 사람들의 삶과 생각을 여러분들에게 쉽게 이야기해 주면서, 현재적 관점에서 역사를 보는 힘을 길러 주고 싶었습니다. 그래서 다른 역사책에 비해 이해하기 쉬우면서도 생각거리를 던져 주는 이 책을 쓰고 엮었습니다.

콩 샘이 희망하는 것은 책의 독자가 시간 여행자가 되어 과거 속에서 신나게 뛰어노는 것입니다. 그러면서 자연스럽게 우리 선인네들의 삶과 철학을 이해하며 자신의 미래 삶을 풍족하게 만들어 갔으면 좋겠습니다.

이 책은 결코 딱딱한 역사책이 아닙니다. 그러니 동화책이다 생각하며 처음부터 술술 읽어가세요. 단, 시대 흐름만은 머리에 그리면서 책을 읽으세요. 그러면 자연스럽게 역사와 친구 할 수 있을 겁니다.

행복하세요!

우산서실(愚山書室)에서
장콩 선생

차례

이 책을 읽기 전에   004

10 조선의 문을 두드리는
제국주의 열강들

세도정치를 끝장낸 흥선대원군   010
천주교도를 박해하니 프랑스가 침공하다   018
역사 그루터기 145년 만에 귀환한 외규장각 도서   030
대원군의 아버지 무덤을 파헤친 독일인 오페르트   033
제너럴셔먼호 사건과 신미양요   042
일본에 강제로 개항당한 조선   050
역사 그루터기 우후죽순처럼 맺어진 서양 나라들과의 수교   062

11 조선의 살길
개화냐 보수냐

근대 문물에 눈을 뜨는 조선 정부   068
개화정책에 반대하는 사람들   074
역사 그루터기 위정척사 운동은 대세인가 시대착오인가   080
구식 군인들이 폭발하다   082
개화가 대세다   095
개화당의 무모한 도전   102
역사 그루터기 죽음의 문턱에 선 민영익을 살린 서양 의술   120

12 열강의 침탈 속에
표류하는 조선

영국 군인들이 거문도를 점령하다	124
역사 그루터기 푸른 눈의 '목 대감' 묄렌도르프	132
조선의 양곡을 단 한 톨도 일본에 보낼 수 없다	134
동학을 중심으로 봉기한 조선 농민들	142
조선 땅에서 벌어진 청·일 전쟁	161
역사 그루터기 풍도와 조어도	166
역사의 소용돌이 속에서 추진된 개혁	169
역사 그루터기 을미사변을 목격했던 최초의 서양인 건축가 사바친	185
러시아 공사관으로 거처를 옮기는 고종	188
역사 그루터기 금을 '노다지'라고 불렀던 슬픈 사연	196
만민이 모여 자주 국권을 외치다	198
대한제국의 위태로운 탄생	207

13 무너지는 대한제국

러·일 전쟁으로 날개 단 일제의 야욕	214
외교권을 약탈당한 을사늑약	221
역사 그루터기 '을씨년스럽다'의 유래	226
식민지로 전락하다	228
이대로 나라를 빼앗길 수는 없다	233
일제의 앞잡이를 처단하라	245
역사 그루터기 안중근 의사를 추모합니다	251
배워야 산다	255

| 부록 |

글을 쓰면서 도움 받은 책

역대 왕조 계보

연표

10 조선의 문을 두드리는 제국주의 열강들

세도정치를 끝장낸 흥선대원군

1863년 세도정치의 소용돌이 속에서 14년간 허수아비 임금 노릇을 했던 철종이 갑작스럽게 죽었다. 왕실의 최고 어른이었던 대왕대비 조씨¹⁾는 세도를 부리고 있던 안동 김씨 세력들이 임금 선정에 관여할 틈을 주지 않기 위해 이하응(흥선대원군)의 아들 명복을 임금으로 얼른 지명해 버렸다. 명복(고종)의 나이 12세 때였다.

1) **대왕대비 조씨** 헌종의 어머니로 풍양 조씨이다. 철종 즉위로 대왕대비가 되었다. 당시 왕실의 최고 어른이었다.

나이 어린 임금이 등극하자, 조대비가 수렴청정²⁾을 해야

2) **수렴청정** 대비(大妃)와 같은 왕실의 여자 어른이 어린 임금을 대신하여 나랏일을 하는 것.

했다. 하지만 그녀는 큰 정치를 해야 한다는 명분을 내세워 정치권력 전부를 흥선대원군에게 위임해 버렸다. 이때부터 흥선대원군이 조선을 요리하게 되었다.

흥선대원군! 그는 안동 김씨의 세도정치 아래서 살아남기 위해 본인의 능력을 감추고 시장 바닥을 떠돌며 상갓집 개처럼 살아야 했던 사람이다.

19세기 초반부터 시작된 세도정치는 왕의 친척들인 종친들에게는 시베리아 형무소에 갇힌 죄수들보다 더 가혹한 삶을 요구했다.

아니! 왜?

생각해 보라. 왕과 신하들의 권력 게임은 시소 타기와 같다. 왕권이 강하면 신권은 '깨갱' 할 수밖에 없다. 반면에 신권이 강하면 왕은 신하들의 눈치를 보며 하루하루를 위태롭게 살아야 한다. 이때는 종친들의 힘 또한 별 볼 일 없다.

안동 김씨가 '짱'이었던 세도정치기의 왕권은 지극히 미약했다. 또한 안동 김씨들은 자기 가문의 영원한 번영을 위하여 종친들 중에서 인재라고 판단되는 사람들은 사전에 싹을 제거하기 위해 갖은 수단을 다 써서 죽이거나 귀양을 보내 버렸다.

이러한 정치 역학 관계를 잘 알고 있던 흥선군은 안동 김씨들의 감시망에서 벗어나기 위해 자신의 진면목을 철저히 숨긴 채 시장 바닥에서 불량배들과 어울려 다니며 세월을 축냈다. 그러다가 기회가 주어지자 단박에 세상을 자신의 것으로 만들어 버렸다.

여기서 잠깐! 왕족에게 붙여 주는 칭호인 '군'과 '대원군'에 대해 알아보자.

왕의 친척들에게는 대우를 해 주기 위해 'ㅇㅇ군'이라는 이름을 붙여 주었다. 그런데 특별한 왕족에게는 'ㅇㅇ대원군'이라 하여 더 우대했다.

여기서 질문 들어간다. 긴장하시라.

대원군의 칭호를 받는 사람은 어떤 왕족이었을까?

국왕의 생부, 즉 왕의 살아 있는 아버지였다. 임금이 정상적으로 왕위를 계승할 경우에는 아버지에게서 아들로 대물림이 되기에 대원군은 나올 수 없다. 그러나 어쩌다가 임금이 자신의 뒤를 이을 아들이 없이 죽는다면 왕의 친척 중에서 차기 왕을 선임해야 했다. 그래서 왕에게 생부가 있는 경우가 간혹 발생했다.

흥선대원군

우리는 대원군 하면 흥선대원군만 머리에 떠올리지만, 조선 시대 전 역사를 통틀어 보면, 대원군이 몇 명 탄생했다. 선조의 아버지가 덕흥대원군이었고, 철종의 아버지는 전계대원군이었다.

아무튼 흥선대원군은 자신의 시대가 열리자 엄청난 힘을 발휘하기 시작했다.

자! 그럼 지금부터는 흥선대원군이 나이 어린 아들, 고종

대신에 나랏일을 하면서 추진했던 정책을 조목조목 살펴보자.

흥선대원군은 집권을 하자마자 세도정치하에서 흐트러진 정치 기강을 바로잡기 위한 여러 가지 개혁을 실시하였다.

그는 우선 19세기 초반부터 무려 60년 동안 세도를 부렸던 안동 김씨 세력을 몰아내고 문벌을 가리지 않고 인재를 등용하였다. 그리고 많은 땅을 소유하고 있으면서도 세금을 내지 않아 국가 재정을 어렵게 만들고 농민들을 수탈했던 서원을 47곳만 남기고 모두 없애 버렸다. 서원은 조선시대 유학자들의 학문적, 정치적 공간이었기에 많은 유생들이 흥선대원군의 서원 철폐에 반발했다. 그러나 대원군은 "백성을 해치는 자는 공자가 다시 살아난다 해도 내가 용서하지 못한다. …… 서원은 지금 도적떼의 소굴이 되어 버렸다."라고 하면서 전국에 있는 수많은 서원들을 과감히 정리했다.

또한 삼정[3]의 문란을 시정하기 위하여 토지 조사 사업인 양전을 실시하고, 호포제[4]를 실시하여 양인들만 부담하던 군포

3) **삼정** 전정(토지세), 군정(군역의 부과), 환곡(양곡 대여와 환수).

4) **호포제** 전국의 모든 집들이 군포를 내는 제도. 군포는 군대 갈 의무가 있는 사람들이 면포(면 옷감)로 내던 세금으로 이 제도 시행 이전에 양반들은 군포를 내지 않았다.

5) 환곡제 춘궁기 때 관청이 보관하고 있던 양곡을 빌려 주고 추수기 때 약간의 이자를 더해 받아들이는 빈민 구제 정책.

를 양반들도 내게 하였다. 여기에 관청에서 운영하여 관리들의 부정이 심했던 환곡제5)를 폐지하고 지역의 유력자가 중심이 되어 운영하는 사창제로 바꾸어 그 폐단을 줄이려 했다. 그리고 『대전회통』 『육전조례』를 편찬하여 통치 규범을 재정비함으로써 정치를 안정시키려 하였다.

경복궁을 다시 짓는 사업도 흥선대원군의 업적에서 빼놓을 수 없다. 그는 세도정치로 땅에 떨어진 왕실의 권위를 회복하기 위하여 임진왜란 때 불타 버린 경복궁을 다시 지으려 했다. 그러나 이 사업은 결론부터 말한다면, 실패작이었다.

경복궁을 중건하는 데 들어가는 돈을 확보하기 위하여 원납전이라는 기부금을 거두었는데, 거의 반강제적으로 거두어들였다. 백성들이 원해서 내는 돈이라는 의미의 '원납전(願納錢)'이 백성들의 원성을 사는 돈이란 뜻의 '원납전(怨納錢)'으로 불릴 정도였으니, 그 반발의 강도가 어느 정도 였는지 쉽게 짐작할 수 있다.

또한 상평통보의 100배 가치를 지닌 당백전을 발행하였는데, 너무 많이 발행하여 화폐 가치가 떨어지고 물가는 급등하여 백성들의 부담이 커졌다. 여기에 많은 백성들이 아무 대가도 받지 않고 경복궁 중건에 동원되어 불만이 많았으며, 건물 기둥에 쓰일 거대한 나무를 양반들의 묘지 주변에서 강제로 베어다 사용하여 양반들의 항의도 거셌다.

이런 것들로 인하여 경복궁 중건 사업은 양반과 일반 서민들의 불만을 동시에 샀고, 국가 재정 또한 취약해지는 문제점을 드러내었다.

한편 흥선대원군은 대외적으로 통상 수교[6] 거부정책을 폈다.

흥선대원군이 집권하던 1860년대는 서양 여러 나라의 선박이 서로 무역을 하자며 우리나라 해안가에 출몰하여 사람들을 불안하게 했다. 이러한 시기에 나라를 이끌었던 흥선대원군은 서양 세력과는 절대 통교하지 않는다는 대원칙하에 조선의 외교 정책을 추진했다. 하지만 이러한 대외 정책은 서양 세력을 자극하여 조선은 두 번에 걸쳐 서양 나라들과 싸움을 해야 했다. 병인양요와 신미양요가 바로 그것이었다.

당백전(위) 상평통보(아래)
당백전은 조선 후기에 널리 사용되었던 상평통보 100배의 가치를 지닌 돈으로 흥선대원군 시절에 발행되었다. 하지만 당백전의 실질 가치는 상평통보의 5, 6배 정도밖에 되지 않아서 물가를 폭등하게 한 주범이 되고 말았다.

[6] **통상 수교** 나라들 사이에 물건을 사고팔게 외교 관계를 맺는 것.

천주교도를 박해하니 프랑스가 침공하다

간지법 박사가 되어 보자

1886년 초에 우리 땅에 들어와 포교 활동을 하고 있던 프랑스 선교사 9명과 8천여 명의 천주교 신자들이 살해당하는 천주교 박해 사건이 발생했다. 이 사건을 '병인박해'라고 한다. 아니, 왜? 병신박해도 아니고, 병팔이박해도 아니고 병인박해라고 했을까? 그것 참 궁금하다.

우리나라는 예로부터 사건의 이름을 붙일 때 간지(干支)를 사용했다. 간지란, 하늘을 나타내는 천간 10개와 땅을 상징화한 지지 12개를 조합하여 사용했던 연도 표시법으로 60갑자라고도 한다. 왜 60갑자냐고? 천간과 지지를 조합하여 연도를 표시하다 보면, 첫해가 되는 갑자년부터 마지막 해인 계해년까지 총 60년을 표시할 수 있다.

너무 어려워서 이해하기 힘들다고? 조금만 신경 쓰면 이해 안 될 것도 없으니, 어려워하지 말고 조금 세밀하게 파헤쳐 보자.

	1	2	3	4	5	6	7	8	9	10	11	12
천간	갑	을	병	정	무	기	경	신	임	계		
지지	자(쥐)	축(소)	인(호랑이)	묘(토끼)	진(용)	사(뱀)	오(말)	미(양)	신(원숭이)	유(닭)	술(개)	해(돼지)

위 도표에 나온 천간과 지지를 조합하여 간지를 만들어 보면, 첫 번째 간지는 '갑자', 두 번째는 '을축', 세 번째는 '병인'이 된다. 이런 식으로 계속 조합해 가면, 열 번째 간지

는 '계유'가 된다.

여기까지는 쉽다. 문제는 열한 번째부터이다.

천간은 10개이고, 지지는 12개니 계유 이후로 조합이 어렵다. 그렇다고 여기서 포기하면 안 된다. 의외로 아주 단순한 조합이니, 쉽게 생각하자.

자! 질문 들어간다. 큰 소리로 대답해 보자.

11번째 간지는 무엇이 될까요?

잘 모르겠다고?

머리는 쓰면 쓸수록 잘 굴러가니, 좀 더 곰곰이 생각해 보자.

천간에서 '계' 다음은 맨 처음으로 돌아가 '갑', 지지에서 '유' 다음은 '술'이니까…… 갑술?!

그래 맞다. 11번째 간지는 갑술이다.

그럼 12번째는?

을해.

13번째는?

병자.

옳지, 아주 잘하네.

결국 이렇게 조합해 가면 마지막 간지인 60번째는 계해가 되고, 61번째는 다시 첫 번째 간지인 갑자로 돌아온다.

이제 이해가 충분히 되었으니, 실전 문제를 하나 풀어 보고 진짜 주제인 병인박해로 들어가자.

1865년은 을축년이다. 1866년은 무슨 해일까?

병인년.

그래 맞다. 병인년이다.

천주교를 허락할 수 없다

병인박해는 왜 일어났을까?

조선 땅에 천주교가 전해진 것은 17세기로, 청나라에 사절단으로 갔던 사신들이 호기심 차원에서 천주교 서적을 가지고 들어왔다. 물론 이때는 천주교를 종교로 보지 않았다. 서양 사람들이 하는 요상한 공부 정도로 여겼다. 그래서 처음에는 서양의 학문이란 뜻에서 천주교를 '서학'이라 했다. 이런 천주교가 종교로 인식된 것은 18세기 후반으로, 이 시기부터 조선 정부는 사악한 종교로 단정하여 탄압하기 시작했다.

여기서 의문이 하나 생긴다. 왜 조선 정부는 천주교를 사악한 종교로 내몰았을까?

그것은 천주교가 평등 사상을 가진 신앙이자, 유일신을 믿는 종교였기 때문이다. 성리학을 국교처럼 신봉했던 조선의 지배층, 즉 양반들은 성리학적 사고관에 입각하여 죽은 조상의 제사를 자기 목숨보다 더 소중하게 여겼다. 그런데 천주교는 조상에 제사 지내는 의식을 부정했다. 여기에 천주교가 지닌 평등 사상은 왕을 꼭짓점으로 해서 양반, 중인, 상민, 천민으로 구성된 조선의 신분 제도를 뿌리부터 흔들어 놓을 가능성이 있었다.

조선의 지배층은 이런 종교가 조선 땅에서 마른 들판에 번지는 들불처럼 급속히 유행되는 것을 결코 용납할 수 없었다. 현실이 이러했으니, 천주교가 배척과 탄압의 대상이 되는 것은 어찌 보면 당연한 일이었다.

조선 정부는 천주교 유포를 금지했으며, 신자들은 혹독한 고문을 받고 형장의 이슬로 사라졌다.

아이러니한 것은 병인박해를 주도한 흥선대원군의 부인인 여흥 민씨가 천주교 신자였다는 점이다. 따라서 흥선대원군은 자신이 집권하기 전부터 천주교의 교리를 어느 정도 알고 있었고, 집권한 뒤에는 천주교를 징검다리 삼아 프랑스 정부와 교섭하여 러시아의 남하정책을 막을 생각까지 했다.

1860년에 연해주 지역이 러시아의 땅이 되면서, 조선은 두만강 하류 지역을 경계로 러시아와 국경을 맞대었다. 1864년에는 러시아인이 조선의 허락도 없이 두만강을 건너 경흥에 와서 서로 교역할 것을 요구하여 러시아에 대한 경계심이 한층 고조되기도 했다.

이러한 때에 흥선대원군은 천주교 신자들에게서 '조선에 들어와 있는 프랑스 선교사들의 힘을 빌리면 프랑스 정부를 움직여 러시아의 남하를 저지할 수 있을 것'이라는 이야기를 들었다. 대원군이 생각하기에 프랑스를 통한 러시아 견제 정책은 매우 탁월한 아이디어였다. 그래서 프랑스 선교사들에게 프랑스 정부를 움직여 달라고 협조 요청을 했다. 하지만 이 계획은 프랑스 측의 반응이 없어 실패로 돌아가고 말았다.

여기에 조선 내의 정세 또한 흥선대원군이 천주교 탄압을 할 수밖에 없는 상황으로 몰아 넣었다. 천주교의 급속한 유포로 우리 고유의 미풍양속이 무너지고 있다는 위기의식이 지배층을 중심으로 팽배해 있었는데, 흥선대원군의 집에 '천주교쟁이'들이 드나든다는 소문이 시중에 떠돌았다. 청나라에서 천주교를 탄압하고 있다는 소식도 탄압 여론을 부채질했다.

흥선대원군은 자신이 천주교도들을 보호한다는 오해를 불식시키고, 여론 주도층인 양반들의 불만을 해소하기 위한 방책으로 1866년 1월에 천주교 탄압령을 내렸다. 이 법령으로 약 8천여 명의 천주교도들이 전국 각지에서 처형당했고, 포교를 위해 조선 땅에 불법적으로 들어와 있던 프랑스 선교사 12명 중 9명도 함께 처형되었다. 이 사건을 '병인박해'라 한다.

프랑스군은 몰아냈지만……

양요(洋擾)는 조선이 통상수교 거부정책을 추진하고 있던 흥선대원군 시기에 서양 세력과 싸운 작은 전쟁을 말한다. 양(洋)이 '서양'을, 요(擾)가 '어지럽다'를 뜻하니, 양요는 결국 '서양인들이 우리 땅을 침범하여 잠깐 어지럽힌 전쟁'이라고 할 수 있다.

우리나라 근대사에서 양요는 두 번 치러졌다. 프랑스 함대가 쳐들어와 싸운 병인양요(1866)와 미국 함대와 격전을 벌인 신미양요(1871)가 바로 그것이다.

병인박해 때 조선 땅을 간신히 탈출하여 중국으로 돌아간 프랑스 국적의 리델 신부는 프랑스의 극동 함대 사령관으로 있던 로즈 제독에게 조선 땅에서 일어난 비극을 자세하게 보고했다. 이 소식을 전해 들은 로즈 제독은 선교사 학살에 대한 응징을 하고 충분한 보상을 받아내는 것과 더불어 조선을 개항시킬 생각까지 했다. 이때 흥선대원군은 청나라 정부를 통해 프랑스군이 조선 땅으로 출동할 가능성이 농후하다는 첩보를 사전에 제공받았기에 해안 지역의 방어망을 촘촘하게 짜면서 만반의 대비를 하고 있었다.

아니나 다를까. 로즈 제독은 리델 신부와 조선인 천주교도의 안내를 받아 군함 3척을 이끌고 1866년 9월에 강화도 해협으로 침입해 왔다. 그러나 배 3척으로 강화도에 배치된 조선의 군대를 상대하기는 역부족일 것 같아 일단 중국으로 되돌아가

강화읍성 병인양요 당시 프랑스군을 따라온 화가가 그린 그림. 프랑스군이 강화읍성을 대포로 공격하는 장면이다.

전력을 보강했다. 이후 10월 중순에 군함 7척으로 재차 조선을 침공해 왔다.

프랑스군은 강화도의 갑곶에 상륙하여 강화읍성을 함락하고, 강화 해협과 한강 하류 지역에서 조선군과 맞붙었다. 하지만 조선군은 로즈 제독이 생각한 것보다 훨씬 더 강했다.

한강 하류에 있는 문수산성에서는 정찰 나온 프랑스군을 조선군이 기습 공격하여 승리를 거두었으며, 강화도 남쪽에 있는 정족산성에서도 양헌수 장군이 이끄는 조선군이 프랑스 해

강화도 주변 지도

병대를 상대로 승리를 거두었다. 이 전투에서 프랑스군 6명이 죽고 30여 명이 부상을 당했다. 프랑스군은 자신들이 의도한 성과를 거두지 못하고 쓸쓸히 중국 땅으로 돌아가야만 했다. 흥선대원군의 고집스러운 통상수교 거부정책이 일시적이나마 성공을 거둔 것이다.

그런데 프랑스군은 강화성에서 철수를 하면서 성안에 있던 외규장각 서적들을 전부 가져가 버렸다. 외규장각이 뭐냐고? 외규장각을 알려면 규장각부터 이해해야 한다. 규장각은 18세기 후반에 정조가 서울의 궁궐 안에 설치한 왕립 도서관이다.

외규장각은 규장각이 불에 타거나 각종 재해로 피해를 입을 것을 우려하여 지방인 강화성 안에 설치한 서울 규장각의 분원이다. 이곳에는 서울 규장각에 있는 서적 중 영구히 보존해야 할 필요성이 있는 중요 서적을 별도로 만들어 보관해 놓았다. 프랑스군은 강화성을 철수할 때 이 서적을 대부분 가져가 프랑스 본국으로 보내 버렸다.

현재도 프랑스 국립 도서관에는 다수의 조선 서적이 보관되어 있는데, 이 중 대다수가 병인양요 때 강화도 외규장각에서 약탈해 간 책이다. 어찌 보면, 참말로 무식한 자들의 해적 행위이자, 제국주의 세력의 횡포였다.

프랑스 강화도 상륙군의 철수
프랑스 수송 함대와 조선의 매복군 간에 교전이 벌어지고 있다.

 역사 그루터기

145년 만에 귀환한 외규장각 도서

병인양요 당시 프랑스군이 강화도 외규장각에서 약탈해 간 책은 191종 297권이었다. 이 책들은 오랜 세월 프랑스 국립 도서관 수장고에 잠자고 있다가 100여 년이 흐른 뒤인 1975년에야 세상에 알려졌다. 도서관에 근무하던 한국인 박병선 박사가 중국 문서로 분류되어 도서관 별관에 있던 책들이 병인양요 당시 조선 땅에서 가져온 책들임을 밝혀낸 것이다.

우리 정부는 이 책들을 돌려받을 생각을 전혀 하지 않고 있다가, 1991년에 와서야 정식으로 반환 요청을 했다. 하지만 프랑스 정부는 우리 정부의 정식 요청에도 불구하고 일체 반응을 나타내지 않았다. 그러던 프랑스 정부가 갑자기 반환하겠다고 나선 것은 1993년이었다.

프랑스 정부는 우리나라가 국가사업으로 추진하고 있던 경부고속철도 건설 사업에 자기 나라의 고속철인 '테제베'와 독일의 '이체'가 사업권 획득을 위해 치열한 경합을 벌이자 테제베를 측면에서 지원하기 위하여 외규장각 문서의 반환을 들고 나왔다.

당시 프랑스 대통령이었던 미테랑은 테제베 지원을 위해 우리나라를 방문하면서 『휘경원원소도감의궤』 한 권을 들고 와 영구 임대 형식으로 돌려주며 "다른 나라의 문화재 반환 요구는 모조리 거절했지만, 한국의 요구는 들어주기로 했다."라고 말했다. 우리 정부는 프랑스 대통령의 약속을 굳게 믿었다. 그래서 경부고속철도 건설의 주 사업자로 프랑스 고속철도인 '테제베'를 선정해 주었다.

외규장각으로 향하는 프랑스 군인들

 **역사 그루터기**

그런데 '테제베'가 경부고속철도 사업자로 선정되자, 이후 프랑스 정부는 변심하여 여러 이유를 대며 외규장각 문서 반환을 미루었다. 2000년에 우리나라를 방문한 프랑스 대통령 시라크도 김대중 대통령에게 "2001년까지는 외규장각 도서를 반환하겠다."라고 약속했으나 이 약속도 지켜지지 않았다. 이에 우리나라 시민단체인 문화연대는 2007년 2월에 프랑스 행정법원에 '약탈 문화재 반환 소송'을 제기했다. 그러나 프랑스 법원은 2009년 12월 24일에 "외규장각 도서는 프랑스의 국유재산"이라고 판결하여 우리의 정당한 요구마저 묵살하고 말았다.

좀처럼 풀리지 않던 협상은 우리 정부가 '영구 임대' 대신 '일반 대여' 방식을 추구하면서 돌파구가 열렸다. 2010년 서울에서 열린 G20 회의에 참석한 사르코지 대통령은 5년 단위 대여 갱신 방식에 합의했다.

2011년 6월 드디어 프랑스에서 외롭게 망명 생활을 하던 외규장각 도서가 145년 만에 고국 품으로 돌아왔다. 기나긴 협상 끝에 우리에게 돌아왔지만, 소유권이 여전히 프랑스에 있다는 점은 아쉬움으로 남는다.

대원군의 아버지 무덤을 파헤친 독일인 오페르트

독일 상인 오페르트가 1866년부터 조선 해안가를 들락거리더니, 급기야는 세 번째 항해였던 1868년 4월에 흥선대원군 아버지 남연군의 묘를 몰래 파헤쳤다. 죽은 조상 모시기를 살아 있는 자기 몸보다 더 소중하게 여겼던 조선 사람들에게 이 사건은 충격으로 다가왔다. 많은 조선 사람들이 서양 사람을 부모 자식도 모르는 패륜아로 여겨 그런 자들과는 절대 통교해서는 안 된다는 생각을 갖게 했다.

그런데 오페르트는 왜 남연군의 묘를 도굴하려 했을까? 장콩 선생을 과거로 보내 오페르트와 인터뷰해 보자.

장콩 샘   만나서 반갑습니다. 우선 본인 소개부터 해 주시죠?

오페르트 저는 유대계 독일 상인인데, 돈을 좀 벌어 보려고 1851년에 중국 상하이(상해)로 와서 일본과 무역을 하면서 살고 있습니다.

 장콩 샘   우리나라에서 오페르트 씨 하면 흥선대원군의 아버지 남연군의 묘를 도굴하려다 실패한 사람으로 알려져 있었는데, 도대체 무슨 심보로 남연군 묘를 파헤치려 했습니까?

 오페르트   저는 일본과 무역을 하면 떼돈을 벌 줄 알았습니다. 그런데 생각만큼 돈이 되지 않았습니다. 그래서 생각해 낸 게 조선과 무역을 병행하는 것이었고 1866년 2월에 조선 땅에 들어가 통상을 희망했습니다.

 장콩 샘   1866년 2월이라면, 조선에서 병인박해가 진행되고 있었을 땐데, 이때 조선 땅을 밟았다고요? 좀 더 구체적으로 설명해 주시죠.

 오페르트

예, 맞습니다. 저는 1866년 2월에 영국 배인 로나호를 타고 5일간 조선 항해에 나섰습니다. 충청남도 서천군에 상륙하여 조선 관리와 통상 교섭[7]을 벌였으나 실패했습니다. 그러나 그때 조선 정부와 직접 교섭을 하면 통상이 성공할 수 있겠다는 느낌을 받았습니다. 그 후 6월에 엠퍼러호를 구입하여 다시 조선 땅으로 들어갔습니다. 조선 관리에게 제가 전에 전달했던 통상에 대한 답변을 요구했으나, 이번에도 교섭은 실패하고 말았습니다.

이 무렵 조선 땅에서는 천주교도 박해가 심하게 벌어지고 있었는데, 프랑스 선교사 리델 신부가 우리 배에 구조 요청을 해 왔고 그를 구조할 계획을 세우면서 조선 해안을 상세히 그린 지도를 작성했습니다. 이 지도를 프랑스의 극동함대 사령관인 로즈 제독이 병인양요 때 이용했습니다.

7) **교섭** 어떤 일을 이루기 위하여 서로 의논하고 절충함.

외국인의 눈으로 본 조선 시대의 지방 행정관

장콩 샘 아하! 그랬었군요. 프랑스군 일부가 병인양요 때 한강을 거슬러 올라가 서울 근교까지 접근했다던데, 당신의 도움이 있었기 때문에 가능했군요. 그런데 1868년에는 왜 또 조선에 들어갔습니까?

 오페르트 아, 물론 통상 교섭을 하기 위해서였죠. 조선 사람들이 조상 모시기를 자기 목숨보다 더 중하게 여긴다는 것을 알고 있었거든요. 그래서 남연군의 무덤을 파헤쳐서 뼈다귀라도 가져오면 흥선대원군이 아버지 시신을 되돌려 받기 위해서라도 통상 교섭에 응하리라 생각했죠.

 장콩 샘 그때 조선 천주교인들이 몰래 도와주었다는 소문도 있던데, 정말인가요?

 오페르트 예, 맞습니다. 당시 탄압을 받고 있던 조선의 천주교인 중 일부는 흥선대원군이 천주교를 인정하도록 하는 방안을 찾고 있었습니다. 그중 하나의 방안이 남연군의 묘를 도굴하여 시체를 탈취한 다음, 이를 가지고 흥선대원군과 흥정하려는 시도였죠.

그래서 어쨌나요? 성공했나요?

웬걸요. 1868년 4월에 차이나호를 타고 충청도 행담도에 도착하여 러시아 군인들로 위장한 다음, 작은 배로 갈아타고 육지로 건너가 통상을 요구했어요.

행담도

장콩 샘 　도착하신 곳이 행담도라고요? 그곳은 지금 서해대교 중간 지점에 위치한 고속도로 휴게소가 있는 곳인데…….

 오페르트 　예, 그렇습니다. 분명히 우리는 그곳에 도착해서 작은 배로 바꿔 타고 육지로 접근했어요. 그러고는 조선 천주교인을 길잡이 삼아 남연군의 묘로 가서 도굴을 시도했죠.

 장콩 샘 　그런데 도굴은 왜 실패했죠?

 오페르트 　남연군 묘가 생각보다 멀더군요. 또한 얼마나 단단하던지, 우리가 가지고 간 도구들로는 무덤을 파헤치기가 쉽지 않았어요. 어쩔 수 없이 조금 파다가 포기하고 말았어요. 배로 돌아온 후에는 인천 앞바다에 있는 영종도 부근까지 올라가서 조선 관리에게 통상을 다시 요구했어요.

하지만 조선 관리가 우리 요구는 들어주지 않고 인정사정없이 공격해 와서 하는 수 없이 상하이로 돌아오고 말았습니다.

장콩 선생과 오페르트의 인터뷰 내용으로 알 수 있듯이 오페르트의 도굴 사건은 천주교를 공식적으로 인정받으려는 조선 천주교인들과 오페르트가 의기투합하여 벌인 사건이다. 하지만 이 사건은 조선 사람들에게 '서양 놈들은 조상 모시는 것도 모르는 오랑캐'라는 인식만 심어 주며, 흥선대원군의 통상수교 거부정책을 한층 강화시키고 말았다.

남연군묘

남연군의 무덤은 현재 행정구역으로 충청남도 예산군 덕산면 상가리에 있다. 본래 남연군의 무덤은 경기도 연천에 있었다. 그런데 풍수지리에 밝은 사람이 흥선대원군에게 "덕산에 무덤을 쓰면 2대에 걸쳐 왕을 배출할 수 있다."라고 하자, 야망을 품고 있던 흥선군은 바로 무덤을 이곳으로 옮겼다.

기묘한 이야기들을 소개하는 TV 프로그램인 〈세상에 이런 일이〉에나 나올 법한 얘기지만, 덕산으로 무덤을 이전하고 7년 뒤에 얻은 아들이 철종의 뒤를 이어 임금 자리에 오른 고종이며, 고종의 아들이 조선의 마지막 임금인 순종이니, 거참 신통방통한 일이다. 하지만 이 이야기는 훗날 말하기 좋아하는 사람들이 지어낸 일화일 가능성이 크니, 정말로 믿을 것은 못 된다.

제너럴셔먼호 사건과 신미양요

1871년, 이번에는 미국이 강화도 해안으로 쳐들어와 조선과 한 판 싸움을 벌였다. 이를 신미양요라고 한다. 왜 신미양요냐고? 그야 물론 '뻔할 뻔 자'다. 1871년이 신미년이어서 그렇다.

신미양요가 일어난 배경에는 1866년 8월에 평양에서 발생한 제너럴셔먼호 사건이 있다. 미국 국적의 제너럴셔먼호는 자기들이 가지고 온 물건을 팔기 위해 겁도 없이 서해 바다에서 대동강을 거슬러 평양까지 올라가 통상을 요구했다. 국가에서 법으로 서양 사람들과 교역하는 것을 금지하고 있었기에 평양 감사(지금의 시장)는 대화를 통해 물러나게 하고 싶었다. 그러나 이들은 깡패처럼 난동을 부리며 막무가내로 통상을 요구해 왔다. 이에 평양 사람들이 참지 못하고 배에 불을 질러 소각시켜 버렸다. 제너럴셔먼호 사건이었다.

콜로라도호 신미양요 당시 조선에 온 5척의 미국 군함들 중 가장 컸다. 승선 인원 646명에 대포 45문이 설치되어 있었다.

미국 정부는 이 사건을 한참 동안 모르고 있다가 1871년이 되어서야 알게 되었다.

미국을 비롯한 서양 열강들은 조선을 개방할 꼬투리를 잡기 위해 호시탐탐 노리고 있었는데, 미국 정부 입장에서 제너럴셔먼호 사건은 절호의 찬스였다. 미국은 로저스 제독이 이끄는 아시아 함대를 동원하여 조선을 침공해 왔다.

로저스가 이끌고 온 미국 함대는 남북전쟁[8]을 치르며 만들어진 최신식 군함 5척으로 일본에서 출발하여 서해 바다를 거

8) **남북전쟁** 1861~1865년 미국에서 노예 문제를 두고 북부와 남부 사이에 벌어진 내전. 노예제 폐지를 주장한 북부가 승리를 거두었다.

미군의 강화도 상륙 작전

9) **콜타르** 농도가 진해 끈적끈적한 검은 기름으로, 아스팔트 공사에 많이 사용된다.

슬러 올라와 서울로 가는 입구인 강화도 앞까지 다다랐다.

로저스는 미국 해군사관학교를 졸업하고 북태평양 및 북극해 탐험대를 이끌었으며, 미국 내에서 벌어진 남북전쟁에서 수많은 전과를 세운 역전의 용사였다.

여기서 잠깐!! 퀴즈 하나. 일본에서는 미국 군함을 뭐라고 불렀을까?

잘 모르겠다고?

흑선(黑船)이라고 했다.

그 이유는 배 전체를 콜타르9)로 칠해서 마치 까마귀처럼 검게 보였기 때문이다. 당시에 태평양 같은 큰 바다를 항해하는 배들은 증기 기관으로 움직이는 증기선이었는데, 선체를 나무로 만들었다. 따라서 장기간 운항을 하려면 나무를 최대한 썩지 않게 해야 했고, 이를 위하여 검정색 콜타르로 완전 무장을 했다.

미국 함대가 태평양을 건너와 일본 해안에서 무력시위를 하자, 이 배를 처음 본 일본 사람들은 깜짝 놀라서 '흑선'이라고 불렀다.

신미년에 로저스 제독이 이끌고 온 배도 흑선이었다. 이들은 조선의 해안 곳곳을 지키고 있던 군인들의 경고에도 불구하고 서해안을 따라 계속 북상해 와, 강화도의 남쪽에 있던 방어 기지인 초지진 앞까지 올라왔다. 이제 강화도와 김포 사이의 해협만 통과하면 한강을 거슬러 올라가 조선의 왕이 사는 한양(서울)으로 갈 수 있었다.

초지진을 지키고 있던 조선 군인들이 자위권[10] 행사 차원에서 대포를 몇 발 발사했다. 조선군의 선제공격은 미국 측이 내심 바라던 상황이었다. 미국 함대는 즉각 초지진을 공격했다. 일단 무력으로 자신들의 힘을 과시하여 조선 사람들의 혼을 빼놓은 후에 적당한 틈을 타서 조선 정부에 통상을 요구하려는 속셈이었다.

아니나 다를까. 초지진을 지키고 있던 조선 군인들은 미국

[10] **자위권** 외국의 침해에 대하여 자국의 권리와 이익을 방위할 수 있는 국가의 기본적 권리.

함대가 발사하는 우렁찬 대포 소리에 놀라 혼비백산하며 진지를 버리고 도망쳐 버렸다. 미군은 초지진을 힘 하나 들이지 않고 접수했다. 다음 날에는 강화 해협 중간쯤에 있는 덕진진을 공격하여 점령했으며, 강화 해협의 대표적 요새지인 광성보까지 접수하려 했다.

당시 어재연 장군은 1천여 명의 군사들과 함께 광성보를 지키고 있었다. 미군은 우세한 화력을 앞세워 광성보를 함락하려 했으나, 절벽 위에 세워진 천해의 요새지인데다가 성안의 조선군이 죽기 아니면 살기로 싸움에 임해 쉽게 점령하지 못했다. 그러나 시간은 미군 편이었다. 어재연 장군이 이끄는 조선군은 미군이 성안으로 들어오자 이를 끝까지 막아내려 했지만, 장군을 포함한 조선군 243명이 죽으면서 광성보는 끝내 미군의 차지가 되고 말았다. 이때 광성보 언덕에는 황색 군기인 수자기(帥字旗)가 높게 걸려 바람에 휘날리고 있었는데, 미군이 본국으로 가져가서 미국 해군사관학교 박물관에 보관해 왔다. 이 기는 우리나라 사람들의 반환 운동 속에 2007년 장기대여 방식으로 우리나라에 돌아올 수 있었다. 미국이 가져간 지 무려 136년 만의 일이었다.

수자기가 뭐냐고? 조선시대 군대를 지휘하는 장군을 상징하는 기로, 지휘관이 있는 곳에는 항상 높이 세워져 있었다. 미군이 신미양요 때 광성보에서 탈취해 간 기는 어재연 장군의 수자기였다.

광성보를 점령한 후에 미군은 어떻게 행동했을까? 한강을 거슬러 올라가 서울로 진격했을 것 같다고? 그러지는 못했다. 광성보 전투가 얼마나 치열했던지, 이 전투에서 미군도 3명이 죽고 5명이 크게 다치는 손실을 입었다. 여기에 미국 정부가 함대를 조선 땅에 보낸 이유는 전쟁이 아니라, "우리 힘이 이 정도니, 얼른 교섭에 응하라."는 의도였으니, 미군은 광성보를 점령한 후에 조선과 협상에 나섰다. 그러나 조선의 강경한 태도에 협상은 결실을 거두지 못했고, 미군은 일본으로 돌아가야 했다.

미군이 탈취한 수자기 광성보 전투에서 탈취한 어재연 장군의 수자기를 배 안에 걸어 놓고 기념사진을 찍는 미군들.

여기서 질문 하나!

신미양요 이후 조선 정부는 서양 나라들에 어떤 정책을 펼쳤을까? 흥선대원군이 나라를 다스리고 있던 시기이니 안 봐도 척이라고? 그래 맞다. 조선 정부는 당연한 듯이 서양 사람들을 오랑캐 취급하면서 통상수교 거부 의지를 한층 강화했고, 이를 백성들에게 적극적으로 홍보하기 위해 "洋夷侵犯 非戰則和 主和賣國(양이침범 비전즉화 주화매국)"이라고 새긴 비석을 서울 종로를 비롯하여 전국의 교통 요지에 세웠다. 이 말은 "서양 오랑캐가 침입했다. 싸우지 않으면 화친하는 것이요, 화친을 주장하는 것은 나라를 팔아먹는 일이다."라는 뜻이다. 이 비석을 '서로 친하게 지내는 것을 반대하는 비석'이라는 의미에서 척화비(斥和碑)라고 한다. 비는 병인양요가 끝난 직후에 만들기 시작하여, 신미양요 직후 전국 각지에 세웠다.

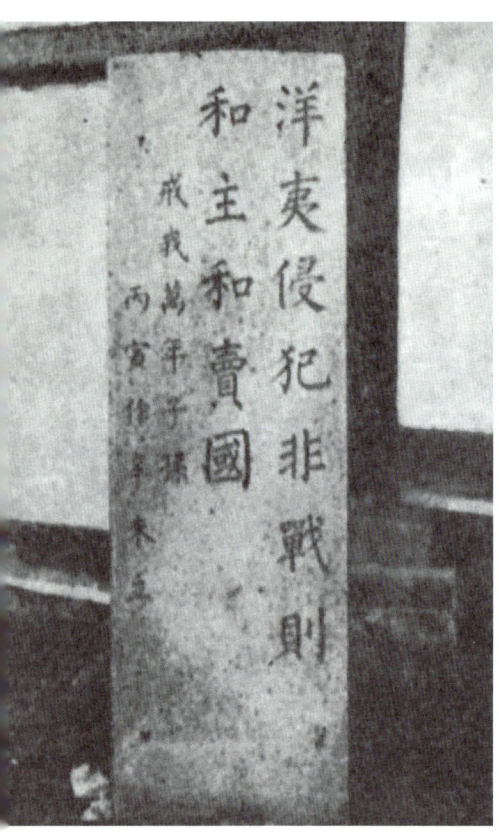

척화비 신미양요 이후 전국의 주요 포구와 교통의 요지에 세웠다. 흥선대원군의 통상수교 거부정책을 잘 보여주고 있다.

자! 그럼 이쯤에서 생각거리 하나를 정리해 보자.

무기 면에서 절대적으로 열세였던 조선이 서양 나라들을 상대로 꼭 전쟁을 해야 했을까? 만약에 서양 세력들의 요구를 들어주어 개방을 빨리 했다면, 조선은 좀 더 세계사의 흐름에 능동적으로 대처할 수 있지 않았을까? 또한 이때 서양에 문호를 개방하여 주체적으로 세계사의 흐름을 탈 수 있었다면, 일본에 의해 강제로 개방되어 식민지가 되는 수모는 겪지 않을 수도 있지 않았을까?

어떻게 생각하는가? 모르겠다고? 물론 모르는 게 정답이 겠지. 그러나 당시 정세를 머릿속에 떠올리며 이런 질문들을 꾸준히 우리 각자에게 던져 보자. 그리고 나름대로 해결책을 제시해 보자. 역사가 우리 삶에 필요한 이유는 미래의 삶에 도움을 받기 위해서니까.

일본에 강제로 개항당한 조선

급변하는 동아시아 정세

1868년 일본에서 메이지유신 [明治維新:명치유신] 이 시작되었다. 메이지유신이 뭐냐고? 일본은 왕이 나라를 다스리는 것 같지만, 실제로는 무사 집단의 우두머리인 쇼군 [장군] 이 막부[11]를 중심으로 나라를 다스리는 사회였다. 그런데 1868년에 서양식 근대화를 추진하려 했던 세력이 막부를 무너뜨리며, 모든 권력이 당시 임금인 메이지 왕에게 돌아갔다. 그 후 일본은 본격적으로 근대화

11) 막부 12세기부터 19세기까지 지속됐던 쇼군을 중심으로 한 일본의 무사 정권을 가리키는 말이다. 초기에는 군사 지휘 본부라는 의미로 쓰였으나, 군 사령관인 쇼군이 실질적인 국가의 통치자가 되고 그의 지휘 본부가 정치·행정·경제권을 장악하게 되면서 정부와 동일한 의미로 사용되었다. 19세기 후반 메이지유신으로 사라졌다.

정책을 추진하여 동양에서는 유일하게 서구식 근대 국가로 발전할 수 있었다. 이 사건을 '메이지유신'이라고 한다. 메이지는 당시 왕의 연호[12])였다.

12) **연호** 왕의 재위 기간을 표시하는 호.

    1869년, 메이지유신에 성공한 일본은 조선에 양국이 평등한 상태에서 국교를 수립하자고 편지를 보내왔다. 그러나 조선 정부는 일본이 보내온 편지가 오만불손하다며 되돌려 보냈다. 지금까지 조선은 일본을 동생처럼 생각하고 외교관계를 펼쳐 왔는데, 일본이 보낸 편지는 서로 동등한 상태에서 친구처럼 지내자는 내용이었다.

    국서를 조선 정부가 되돌려 보내자 비록 소수였지만, 일본 정부 내의 과격한 관리들은 차라리 이번 기회에 조선을 정벌해 버리자는 주장[征韓論: 정한론]까지 내놓았다.

    아무튼 일본이 서구식 근대화에 적극 나서며 조선과 수교를 맺으려 할 때, 조선의 관리들은 대부분 일본을 비롯한 서양 나라들과의 통교는 절대 안 된다는 생각이 강했다. 물론 외국과 수교를 하자고 주장하는 사람들도 몇 명은 있었다. 세계는 이미 서로 교류하며 발전하는 시대이고, 중국과 일본 또한 적극적으로 서양 문물을 받아들이는 이때에 우리만 통상수교를 거부하는 것은 왕따를 자초하는 것이라는 논리였다.

박규수, 오경석, 유홍기가 이 시기의 대표적인 통상수교론자였다. 박규수는 조선 후기 중상주의 실학사상을 대표하는 박지원의 손자로, 실학자의 후손답게 세계사적 조류에 발맞추어 나라의 문을 열자는 주의였다. 오경석과 유홍기는 중인 출신이었는데, 특히 오경석은 통역관으로 청나라를 빈번히 출입하며 발전된 서구 문물을 접할 수 있었기에 박규수와 의기투합하여 조선의 문호 개방을 적극적으로 주장했다.

1873년, 조선 정계에 크나큰 변동이 생겼다. 소수였던 통상 개화론자들의 주장이 나라 정책에 반영될 여지가 조금이나마 엿보였다. 서양이라는 말만 나와도 고개를 좌우로 흔들던 흥선대원군이 권좌에서 물러나고, 개화에 대해 긍정적이었고 서구 문물에도 관심이 많았던 고종이 직접 나랏일을 챙기기 시작했다.

이러한 조선의 정세 변화를 가장 먼저 눈치 챈 나라는 일본이었다. 일본은 고종의 정치 관여를 조선 개항의 호재로 판단했다. 그래서 이 기회를 놓치지 않으려고 작전을 꾸몄다. 무력을 사용하여 일단 조선을 압박한 다음에 자신들에게 유리한 조건의 근대 조약을 체결하려 한 것이다.

일본 또한 미국에 이러한 방법으로 개방당했다. 문을 굳게 닫아걸고 수교하기를 거부하던 일본을 개방시키기 위해 미국은 페리 제독의 군함을 보내 도쿄에서 그리 멀지 않은 우라가 항구 앞바다에서 대포를 쏘며 무력시위를 벌였다. 일본 사람들은 우뢰처럼 쏘아 대는 대포로 무장한 미국 군함을 흑선이라 부르며 벌벌 떨었고, 결국에는 미국의 요구대로 불평등한 수교 조약을

일본 우라가 항에 접근하는 미국 흑선

체결하였다. 이처럼 군함을 이끌고 약소국에 가서 대포를 쏘아 겁을 준 후에 유리한 조건으로 수교를 맺는 외교를 '포함외교' 또는 '함포외교'라고 한다. 산업혁명으로 강대국이 된 서구 제국주의 국가들이 약소국을 개방시킬 때 주로 사용하던 야비한 방법이었다.

운요호가 강화도에 접근한 까닭은?

일본은 1875년 5월에 군함인 운요호[雲楊號:운양호]를 부산에 보내 조선의 정세를 정탐하더니, 9월에는 서울로 가는 길목에 위치한 전략적 요충지 강화도까지 올라와서 먹을 물을 구한다는 명분으로 초지진에 접근해 왔다. 정체불명의 함선이 다가오자 초지진의 조선 군인들은 포를 쏘며 배의 접근을 막으려 했다.

조선군의 선제공격은 일본이 내심 바라던 바였다. 조선과 싸울 명분을 얻고자 슬슬 약을 올리며 먼저 도발하기만을 기다렸는데, 때마침 초지진에서 포를 쏘자 곧바로 대응을 시작했다. 초지진을 비롯하여 정산도·영종도의 조선 요새지를 무차별적으로 공격했으며, 특히 영종도 공격 시에는 육지에 상륙하여 조선 사람들을 죽이고 약탈까지 자행했다.

일본 군함 운요호

조선의 자주권을 침탈한 일본의 행위는 비난받아 마땅한 일이었다. 그러나 일본은 반성하기는커녕, 해가 바뀐 1876년에 7척의 군함을 부산 앞바다에 다시 보내 "조선으로 가는 항로를 개척하기 위해 움직인 배에 조선 군인들이 고의적으로 포를 쏘아 배에 탄 사람들의 생명을 위협했다."라며 일주일쯤 뒤에 강화도에서 회담을 열어 이 문제를 해결하자고 통보해 왔다. 그러고는 조선의 승인도 얻지 않고 서해 바다를 거쳐 강화도로 올라갔다.

일본의 도발 행위에 조선 정부는 연일 대책회의를 열었다.

대다수 관리는 일본의 제안을 거절하자고 말했다. 그러나 박규수를 비롯한 소수의 개화파 관리는 '세계 여러 나라들과 근대 조약을 맺는 것은 세계사의 흐름'이라며 이번 기회에 일본과 교류하면서 세계 각국에 문호를 개방하자고 주장하였다. 고종은 고민을 거듭하다가 드디어 결단을 내렸다. 신헌을 대표로 하는 사절단을 강화도로 보내 일본과 수교 조약을 체결한 것이다.

강화도 조약은 잘못 끼운 첫 단추

1876년 2월 27일에 조선 대표 신헌과 일본 대표 구로다가 강화부의 연무당에서 조약을 체결했다. 이 조약을 우리는 강화도에서 맺은 조약이라 해서 '강화도 조약'이라 부른다.

강화도 조약은 조선이 외국과 맺은 첫 번째 근대 조약으로, 이 조약의 체결로 조선은 통상수교 거부정책을 버리고 비로소 세계 자본주의 체제에 편입되었다.

하지만 안타깝게도 강화도 조약의 내용은 조선에 일방적으로 불리한 것이었다. 조약은 총 12개 항목으로 구성되었는데, 제1조가 "조선은 자주국이며 일본과 똑같은 권리를 갖는다."이다. 언뜻 보면 조선이 자주국임을 강조한 내용이다. 그러나 사실은 일본이 자신들의 조선 침략을 쉽게 하기 위하여 만들어 놓은 조항이었다. 당시 조선은 엄밀한 의미에서 자주국이 아니라 청나라에 예속된 나라였다. 이를 잘 알고 있던 일본은 가장 먼저 조선에 대한 청의 종주권을 부인할 필요가 있었다. 그래서 이 조항을 첫 번째로 언급했다.

제4조는 "부산 외에 두 곳의 항구를 개항하고 일본인이 와서 통상을 하도록 허가한다."이다. 이 조항으로 조선은 나중에 인천과 원산을 일본 사람들에게 개방해야 했다. 특히 인천은 조선의 수도인 서울과 가장 가까운 항구로 이곳을 일본 정부가 요구한 이유는 서울에서 벌어지는 일에 재빨리 대처하기 위해서였다.

제7조는 "조선국 해안을 일본인이 자유롭게 측량한다."이

다. 이 조항 또한 조선의 자주권을 크게 침해했다. 일본은 "조선국 연해의 섬과 암초들이 제대로 조사되어 있지 않아서 자기 나라 사람들이 조선에 올 때 크게 위험하기 때문에 자국민의 안전을 위하여 조선국 해안을 측량해야 한다."라고 주장하며 이 조항을 강화도 조약 안에 넣었다. 그러나 속셈은 따로 있었다. 조선 해안을 확실하게 조사해서 유사시에 자기들 마음대로 활용하겠다는 음흉한 흉계를 담고 있었다.

해안 측량이 뭐 대수냐고? 한번 곰곰이 생각해 봐라. 그들이 우리 바다를 맘대로 헤집고 다니면서 측량한다는 것은 사람으로 치면 옷 다 벗겨 놓고 키 재고 몸무게 재고 심지어는 겨드랑이 털은 몇 개고 점은 몇 개 있다는 것까지 조사한다는 것이다. 즉, 해안 측량권 인정은 사람으로 치면 개인의 신상정보를 빠삭하게 파악하도록 허용하는 것이다. 따라서 이 조항 역시 국가적으로 자주권이 크게 훼손되는 항목이었다.

그러나 다른 무엇보다도 강화도 조약이 불평등했음을 보여 주는 대표적인 조항은 10조이다. 제10조는 "일본국 인민이 조선국 항구에서 죄를 지은 것이 조선국 인민과의 교섭에서 일어난 것이면 모두 일본국 관원이 심판한다."인데, 한마디로 말해서 '치외법권 인정' 조항이다. 치외법권이 뭐냐고? '외국인이 자국 영토 안에서 범죄 행위를 해도 그 행위에 대한 처벌권이 외국인 본국에 있는 권리'를 말한다. 따라서 이 조항으로 조선 정부는 조선 땅 안에서 일본인이 조선인을 죽여도 조선 법정에 세울 수 없게 되었다.

강화도 조약의 내용이 이러했으니, 우리 민족이 맺은 최초의 근대적 조약이 매우 불평등한 것이었음을 알 수 있다.

지금 생각해 보면 참으로 어리석고 안타까운 일지만, 근대 사회로의 전환에 능동적으로 대처하지 못하고 근대 조약이 뭔지도 모를 정도로 무지했던 조선 정부가 변신의 과정에서 겪을 수밖에 없었던 성장통이었다.

한편 일본과 조선은 강화도 조약(조·일수호조규) 체결 이후, 조·일수호조규부록이라는 부속 조약을 하나 더 체결했다. 이 조약

역시 조선에 일방적으로 불리했다. '개항장 내에서 일본 화폐를 사용하는 것'과 '일본 외교관의 자유로운 조선 땅 여행'이 조약안에 포함되었다. 이것으로 일본 화폐가 조선 땅에서 자유롭게 유통될 수 있었으며, 일본은 자국 외교관이 조선 땅 곳곳을 활보하고 다니며 획득한 조선의 지리 정보를 조선 침탈에 이용할 수 있었다.

여기에 추가적으로 경제 조약이라 할 수 있는 조·일통상장정을 체결했다. 양국 간 무역에 관한 규정으로 "쌀, 콩과 같은 양곡의 무제한 수출을 허용하고, 일본과의 수출입 상품에 관세를 물리지 않는다."라는 것이 조약의 핵심 내용이었다.

자급자족이 되지 않고 있던 조선의 현실에서 양곡 수출을 무제한으로 허용하는 것은 많은 조선 사람들을 굶주림 속으로 몰아넣을 가능성이 있었다. 또한 수출입 상품에 세금을 매기지 않으면 일본 상인이 가져오는 질 좋은 상품과 경쟁해야 하는 조선 상인들은 큰 타격을 받을 것이 '뻔할 뻔 자'였다.

조·일통상장정은 이처럼 여러 문제가 있어서 1883년에 개정이 되기는 하는데, 개정된 내용 또한 별로 달갑지 않았다. 수

출입 상품에 10퍼센트의 관세를 받고, 양곡의 무제한 유출을 허용하되 단서 조항으로 조선에서 중단시킬 때는 사전에 일본 정부에 통보한다는 내용을 삽입해서 기존 조약에 비해 다소나마 조선에 유리했다. 그러나 단서 조항 때문에 1899년에 방곡령 사건이 일어났으니 이 조약 또한 조선에게 그리 큰 이익을 가져다주지는 못했다.

한편 개정된 조·일통상장정에는 치외법권만큼이나 악덕 조항인 최혜국 대우 조항이 삽입되어 있어서 조선의 목을 옥죄었다. 최혜국 대우는 '한 나라와 조약을 체결할 때 주지 않았던 특혜가 이후에 다른 나라와 조약을 체결할 때 주어졌다면, 그 특혜는 별도 조약 체결 없이 자동적으로 주어지는 것'을 말한다.

이 항목으로 인해 조선 정부는 개항장 안에서만 무역을 하던 일본 상인들에게 내륙에서 무역을 할 수 있는 권리를 인정할 수밖에 없었고 조선의 경제는 일본 상인들의 손에 좌우되면서 한층 더 피폐해져 갔다. 아! 불쌍타. 조선이여! 조선 사람들이여!!

# 역사 그루터기

우후죽순처럼 맺어진
서양 나라들과의 수교

　조선이 일본에 문호를 개방하자, 서구 나라들은 서둘러 조선과 통상조약을 맺기 위해 경쟁했다. 미국, 영국, 프랑스, 러시아, 독일 등 많은 나라들이 먼저 조약을 맺기 위해 100미터 달리기 하듯이 조선과 접촉하려고 애썼다. 그중에서 가장 먼저 조약을 맺은 나라는 미국이었다.
　미국은 일본이 조선과 수호조규를 체결한 데 자극을 받아 일본에 조선과 수교를 맺는 데 다리를 놓아 달라고 협조 요청을 했다. 하지만 일본은 자신들이 조선을 독점하고 싶었기에 미국의 요청에 미적지근했다. 이때, 조선과 미국의 수교에 적극적으로 나선 나라가 있었으니, 바로 청나라였다.

　청나라는 속국이라 생각하고 있던 조선이 일본과 조약을 맺어 개항을 하면서 조선에서의 독점적 지위를 상실했다. 그러자 일본을 견제할 목적으로 미국을 거들고 나섰다. 물론 청나라가 도와주려 했어도 조선 정부가 'No.' 하면 그만이었을 것이다. 그러나 『조선책략』[13]의 유포로 미국에 대한 감정이 좋았던 조선 정부는 서구 여러 나라들에 어차피 나라 문을 열어야 한다면, 그 첫 상대로 미국이 좋겠다고 생각했다. 그래서 청의 요청을 거절하지 않고 받아들였다.

결국 조선은 서양 여러 나라 중에서 미국에 가장 먼저 문호를 개방하여 1882년에 조·미수호통상조규를 체결하고 1883년에 미국으로 사절단을 파견했다. 이 사절단을 '보빙사'라 한다.

영국과는 1883년 수교를 맺었다. 1860년대부터 조선과 통상을 하기 위해 제집 드나들듯 조선의 해안가를 불법적으로 넘나들었던 영국이었지만, 정작 조약 체결은 미국보다 뒤처졌다. 조·미수호조약이 체결되었다는 소식을 접한 영국은 자신들도 조선과 교역을 하고 싶다면서 청나라 정부에 도와줄 것을 요청했다. 청나라는 조선의 종주권이 자신들에게 있음을 과시하기 위해 영국의 요청도 들어주었다. 1884년에는 독일이 청의 알선으로 조선과 수교했다.

한편 러시아는 청나라의 도움 없이 독자적으로 1884년에 조선과 통상조규를 맺었다. 사연은 이러했다. 1856년 발생한 애로우호 사건[14]으로 영국과 프랑스 연합군은 제2차 아편전쟁을 일으켰고 1860년에는 청나라 수도 베이징(북경) 근처까지 진

13) **『조선책략』** 청나라 외교관 황쭌셴이 일본에서 쓴 책. 조선의 러시아 남하정책 저지에 관한 외교 정책을 정리해 놓았는데, 조선은 중국과 친하게 지내고 일본과 결속을 강화하며 미국과 연합해야 한다고 주장했다. 일본에 사절단(수신사)을 이끌고 갔던 김홍집이 국내로 들여왔다.

14) **애로우호 사건** 중국 남쪽 지방에 있는 광저우(광주)에서 청나라 관리가 영국 애로우호의 선원 12명을 해적 혐의로 체포한 사건.

역사 그루터기

입하여 청나라를 압박했다. 이때 러시아가 중간 다리를 놓아 청나라는 영국, 프랑스와 전쟁을 끝맺는 조약을 베이징에서 간신히 체결할 수 있었고(베이징 조약), 중재의 대가로 연해주 지역을 러시아에 넘겨주었다.

이때부터 조선과 러시아는 두만강 하구를 경계로 국경선을 맞대게 되었는데, 러시아의 남하를 탐탁지 않게 생각하던 청나라는 조선과 러시아의 수교를 방해했다. 그래서 러시아는 청나라의 추천으로 조선에 가 있던 독일인 외교 고문 묄렌도르프를 매수하여 단독으로 조선과 조약을 체결해야 했다.

조선을 개항시키기 위해 병인양요를 일으켰던 프랑스는 1886년에야 조약을 체결했다. 프랑스는 천주교 포교를 중시하여 포교 인정을 통상조약 속에 넣으려 했다. 하지만 조선 정부 입장에서 천주교는 절대 용인할 수 없었다. 그렇다고 프랑스는 청나라에 기대어 조선과 조약을 체결할 수도 없었다. 청이 종주권을 가지고 있던 베트남으로 프랑스가 진출하며 양국은 서로 갈등을 벌이고 있었다. 이러한 이유로 인하여 프랑스와 조선의 수교조약 체결은 지지부진했는데, 영국·러시아는 물론이고 독일·이탈리아마저 조선과 조약을 체결하자 프랑스는 1886년 들어서 적극적으로 접근하여 독자적으로 조선과 수교를 맺었다.

그런데 안타깝게도 조선이 서양 여러 나라들과 맺은 수호조약은 전부가 불평등 조약이었다. 치외법권 인정은 물론이고 미국과 체결한 조약에 포함된 '최혜국 대우'를 다른 나라에도 모두 인정해 주어야 했다. 별도 조약 없이도 다른 나라에 주는 특혜가 자동으로 돌아오기 때문에 최혜국 대우가 주어진 나라는 막대한 특혜를 받을 가능성이 농후했다.

조선 땅 안에서 천주교가 급속히 퍼진 이유도 최혜국 대우 때문이었다. 1886년 프랑스와 조약을 맺으면서 천주교 포교권을 인정했는데, 이후 최혜국 대우를 인정받았던 다른 나라들에도 자동적으로 포교권이 적용되었던 것이다. 그 뒤로 서양 여러 나라들의 천주교 선교사들이 우리나라에 들어와 자유롭게 활동하면서 천주교와 기독교가 널리 퍼졌다.

11 조선의 살 길, 개화냐 보수냐

근대 문물에 눈을 뜨는 조선 정부

강화도 조약이 체결된 이후 조선 정부는 서양의 근대 문물을 본격적으로 받아들이기 위한 분위기 조성에 나섰다. 일단 일본의 발전상을 알아보기 위해 두 번에 걸쳐 사절단을 파견했다. 사절단의 이름은 '수신사'라 했다.

제1차 수신사는 강화도 조약이 체결된 직후인 1876년 4월에 김기수가 이끌고 다녀왔다. 그는 당시 예조참의로 지금의 외교통상부 차관보에 해당하는 관리였다. 이때 간 수신사 일행은

수신사 일본 요코하마에 도착한 제1차 수신사를 영국인이 그린 그림. 가마 위에 갓을 쓰고 근엄하게 앉아 있는 이가 사절단 대표 김기수이다.

약 20여 일 동안 일본의 수도 도쿄에 머물면서 정부 기구, 군사 시설, 산업 시설, 학교 등을 방문하여 일본이 서양으로부터 받아들여 발전시키고 있던 다양한 시설과 문물을 살폈다. 김기수는 이때 보고 들은 것들을 『일동기유』라는 기행문집에 담았는데, 이 책에서 그는 기차를 국내에 처음으로 소개하기도 했다.

일본은 수신사 일행을 크게 환영해 주었다. 그 이유는? 무력을 사용하여 개항한 데 따른 조선 내부의 적대감을 희석시키고 자기 나라에 대한 친밀도를 높이기 위해서였다.

수신사가 돌아온 이후에 조선 정부는 어떻게 반응했을까?

처음 보고를 받고서는 깜짝 놀랄 수밖에 없었다. 귀국한 수신사 일행을 접견한 고종과 중전 민씨는 일본이 크게 발전했다는 말에 자극을 받아 조선도 서양의 근대 문물 수용을 서둘러야겠다는 결심을 굳히게 되었다.

조선 정부는 1880년에 예조참의 김홍집을 대표로 하는 제2차 수신사를 일본에 다시 보냈다. 두 번째 수신사를 파견한 조선 정부의 명분은 일본과의 교섭에서 난항을 겪고 있던 문제를 해결한다는 것이었다. 하지만, 그 속에는 일본 내부의 동향을 자세히 살펴보겠다는 고종의 뜻도 담겨 있었다. 수신사 일행은 일본 도쿄에서 한 달여를 머무르면서 일본 정세와 근대 문물을 살폈다. 당시 김홍집은 청나라 외교관으로 일본에 와 있던 황쭌셴(황준헌)이 지은 『조선책략』을 가지고 와 국내에 소개하였다.

황쭌셴은 조선 사절단의 대표로 온 김홍집을 도쿄에서 만나 국제 정세에 관한 다양한 이야기를 나누었는데, 이를 한 권의 책으로 정리하여 『조선책략』이라 이름 붙인 후에 김홍집이 귀국할 때 주었다. 책에 담긴 내용의 핵심은 당시 조선에서도 경계심이 높아지던 러시아의 남하정책에 조선이 어떻게 대응할 것인지에 대한 것이었다. 황쭌셴의 주장을 한 문장으로 표현하면 다음과 같다.

> 중국과 친하게 지내고 일본과 결속을 강화하며 미국과 연합해야 한다[親中國 結日本 聯美國].

김홍집은 귀국 직후에 고종과 면담하며 이 책을 바쳤다. 파급 효과는 대단했다. 우선 조선 정부 내에 미국에 대한 우호적인 생각이 퍼지며 조선은 서양 나라 중 미국과 가장 먼저 수교를 맺었다. 반면에 조선책략의 유포는 외국과 수교를 맺는 것에 지극히 부정적이었던 유생들을 자극하여 '영남 만인소 사건'이 일어나는 발단이 되기도 했다. 영남 만인소는 다수의 영남 지역 유생들이 이만손을 중심으로 단합하여 올린 개화정책 반대 상소문을 말한다.

15) **통리기무아문** 정치·군사에 관한 사무를 총괄하여 맡아보던 관아. 고종 17년(1880)에 설치하였는데, 19년(1882)에 나라의 살림을 맡는 통리내무아문(내아문)과 외교·통상을 맡는 통리아문(외아문)으로 나누었다.

한편 조선 정부는 서구식 근대화를 더욱 효율적으로 추진하기 위해 1880년 12월에 정부조직 개편을 단행했다. 개화정책을 총괄하는 통리기무아문[15]을 설치하였으며, 그 밑에 12사를 두어 실제 업무를 담당하게 했다.

1881년에는 박정양을 대표로 하는 50여 명의 문물 시찰단을 비밀리에 꾸려 일본에 파견하였는데, 이를 조사시찰단이라 했다. 왜 비밀리에 보냈느냐고? 개화라면 두 팔 걷어붙이고 반대하는 보수 세력의 눈길을 피하기 위해서였다. 이들은 일본의 주요 도시인 도쿄, 오사카 등지를 돌며 근대화를 추진하는 정부 기구와 산업 시설, 근대 학교 등을 살펴보고 돌아왔다. 또한 청나라에도 근대 문물 시찰단을 파견했는데, 이를 '영선사'라 했다. 영선사 대표 김윤식은 38명의 중인 기술자를 데리고 중국 땅에 들어가 1년여 동안 청나라의 근대식 무기 생산 공장인 톈진 조병창에서 근대 무기 제조 기술을 배웠다. 이들 기술자들이 중심이 되어 1883년 서울에 서양식 근대 무기 제조 공장인 기기창이 설치되었다.

조선은 군사 분야에서도 개혁을 서둘렀다. 우선 서구식 훈련 방법으로 사관생도를 양성하는 신식군대 별기군을 창설했다. 조선의 중앙군은 본래 5군영 체제였다. 이 군영을 2개로 축소한 대신, 특별히 선발된 80명 규모의 군인들을 별기군으로 편성하여 일본인 교관 호리모토에게 훈련을 받게 했다.

신식 군대로 조직된 별기군

1883년에는 미국에도 사절단을 파견했다. 1882년에 체결된 한·미수호통상조규에 근거하여 민영익을 대표로 하는 11명의 사절단이 미국으로 건너갔다. 사절단 이름인 보빙사는 '초대에 보답하기 위하여 파견하는 사절'이라는 의미였다. 이들은 미국의 수도 워싱턴까지 가서 당시 미국 대통령 아서를 접견한 후에 약 한 달간 머물며 미국의 발전상을 둘러보고 귀국했다.

미국 대통령을 만나는 조선 사절단 뉴욕 주간지 「뉴스 페이퍼」(1883. 9. 29)에 실린 삽화이다. 예를 갖춰 큰 절을 하는 조선 사절단을 미국인들은 매우 신기하게 생각했다.

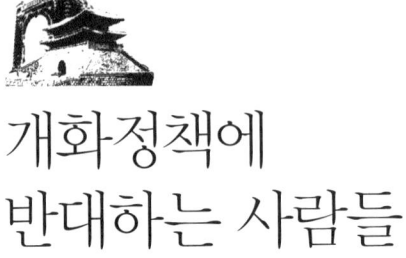

개화정책에 반대하는 사람들

일본이 조선을 반강제적으로 개항시킨 이후 조선 정부는 개화정책을 서둘러 추진했다. 하지만 조선 사람 모두가 정부의 개화정책에 힘을 실어 준 것은 아니었다. 비율로 따진다면 개화에 찬성하는 사람들보다 반대하는 사람들의 수가 훨씬 많았다. 이들이 앞장서서 했던 운동을 '위정척사 운동'이라고 한다.

위정척사가 뭐냐고? 조선 선비들이 죽어라 믿었던 학문인 성리학 이외의 모든 종교와 학문을 왕따시키자는 운동이었다.

이 운동을 주도했던 세력은 보수적 유학자들이었다. 이들은 1860년대 이양선(異樣船)들이 조선의 해안가에 다가와서 통상을 요구하자, 절대 이에 응해서는 안 된다는 통상 반대 운동을 전개했던 사람들이다. 물론 이 시기의 조선은 흥선대원군 집권기였으므로 나라 문을 청나라에만 개방하고 나머지 나라에는 열어 주지 않았다.

하지만 1870년대에 접어들면서 조선 내에도 변화의 기운이 감돌았다. 개화의 필요성을 주장하는 지식인들이 하나둘씩 나타나기 시작했던 것이다. 이들은 1873년 흥선대원군이 퇴장하고 고종이 나랏일을 직접 보살피기 시작하자, 점차 목소리를 높이며 국제 경쟁에서 뒤처지지 않으려면 외국과 통상하는 것을 서둘러야 한다고 주장했다.

이러한 정세 변화 속에서 운요호 사건이 발생했다. 이 사건에 대한 개화파와 위정척사파의 대처법은 완전히 달랐다. 개화파는 일본과 서로 갈등을 벌이느니 차라리 이 기회에 개항을 해야 한다고 주장했다. 반면에 위정척사파는 "일본 놈들은 서양 놈들과 똑같은 놈들이니, 그들의 요구 조건을 절대 들어주어서는 안 된다."는 입장이었다.

당시 위정척사파의 우두머리는 최익현이었다. 그는 고종이 직접 정치를 할 수 있는 나이가 되었으니 대원군이 정치의 전면에서 물러나야 한다는 상소를 올려 흥선군을 퇴장시킨 장본

인이었다. 이 대꼬챙이처럼 꼬장꼬장한 선비는 운요호 사건 이후 조선 정부가 일본과 조약 체결을 서두르자, 1876년 2월에 임금이 사는 경복궁의 정문인 광화문 앞에서 도끼를 한 손에 굳게 쥐고 항의 농성을 벌였다. 최익현이 올린 상소문은 당시 조선의 현실에서 타당성이 다분했다.

"일본에 나라의 문을 개방하게 되면 저들의 요구가 끝이 없을 것이다. 우리의 농산물과 저들의 수공 생산품을 교역하면 필시 우리 농촌이 피폐해질 것이다. 저들은 사악한 종교인 천주교를 신봉하는 서양 오랑캐와 같은 무리이고, 짐승과 같아서 예의범절을 모르니 재물과 부녀자들을 약탈하여 사람의 도리가 사라질 것이다."

그러면서 그는 "내 상소를 보고도 일본과 조약을 체결할 생각이라면 이 도끼로 내 목부터 쳐라!"라고 말했다. 당시 조선의 유생들은 대부분 최익현과 같은 생각이었다. 이들은 서양의 제도와 문물을 받아들인 일본은 서양 오랑캐와 다를 바 없다며 일본에 문호를 열어서는 안 된다고 강하게 주장했다.

이러한 결사반대에도 불구하고 결론은 문호 개방이었다. 고종과 당시 정권을 잡은 민씨 세력은 일본과 전쟁이 벌어질까 우려하여 위정척사 운동의 두목 격인 최익현을 흑산도[16]로 귀양 보낸 후에 강화도 조약을 체결했다.

16) 흑산도 전라남도 신안군에 있는 섬. 목포에서 남서쪽으로 100킬로미터 정도 떨어져 있다. 조선 시대 때 죄가 무거운 사람들의 유배처로 이용되었다.

위정척사 운동이 다시 한 번 불붙은 것은 조선 정부가 본격적인 개화정책을 추진했던 1880년대 초반이었다. 제2차 수신사로 일본에 갔던 김홍집이 "조선이 러시아의 남하정책을 저지하기 위해서는 중국, 일본, 미국과 유대 관계를 강화해야 한다."는 주장이 담긴 『조선책략』을 들여왔다.

이 책 속에 미국과 수교를 하라는 내용이 담겨 있다는 사실을 알게 된 많은 유학자들은 아연실색하며, 정부의 개화정책 추진에 크게 반발했다. 특히 많은 수의 영남 지방 유생들이 퇴계 이황의 후손인 이만손을 대표로 하여 개화정책 반대 상소를 올렸는데, 이것이 '영남 만인소'이다. 한편 강원도 유생 홍재학도

'만언척사소'를 올렸는데 개화정책 반대에서 한 발 더 나아가 고종의 책임 문제까지 직접 거론하며 왕의 권위를 뒤흔들었다.

그런데 홍재학은 어떻게 되었을까? 그는 상소의 불손함이 문제가 되어 처형되었다. 영남 만인소를 올린 사람들 상당수도 귀양을 가야 했다. 하지만 개화정책 반대 운동은 이후에도 계속되어 개화와 보수의 갈등을 초래하며 조선의 근대화를 지연시켰다.

역사 그루터기

위정척사 운동은 대세인가 시대착오인가

보수 유생들을 중심으로 전개된 위정척사 운동은 서양 열강과 일본의 경제 침탈로부터 우리 경제를 보호하고 조상 대대로 내려온 우리의 고유 풍속을 지키려는 반침략, 반외세의 성격을 가진 자주 국권 수호 운동임이 분명하다. 하지만 이들 유생층의 개화정책 반대 운동이 당시의 세계정세 속에서 과연 타당했는지는 한번쯤 되짚어 볼 문제이다.

당시 세계는 서구 제국주의 열강들이 식민지 확보 경쟁에 적극적으로 나서며 아프리카와 아시아 여러 나라들의 무릎을 꿇렸던 시기이다. 이러한 위기가 조선에도 닥쳐오고 있었으며, 이를 타개하기 위해서는 하루라도 빨리 국력을 키워야 했다. 경제력과 기술력이 앞선 나라들과 교역을 하는 것은 선택의 문제가 아니었다.

물론 최익현을 비롯한 위청척사파의 주장이 아주 잘못된 것은 아니다. 이들은 일본과 서양 제국들이 막강한 힘을 바탕으로 약소국을 침략하여 자신들의 이익만 늘리고 있으며, 조선 또한 문호를 개방하면 열강의 먹잇감이 될 가능성이 크다고 봤다.

개항 이후 조선이 처한 현실을 생각한다면, 이들의 주장이 틀렸다고 보기는 어렵다. 일본이 들어오자 서구 세력에도 나라 문을 열어 줄 수밖에 없었으며, 이들의 경쟁적인 침탈 속에 조선은 바람 앞의 등불이 되어 위태롭게 흔들렸다. 그렇다고 하더라도 세계적으로 도도히 흐르는 물이었던 대외 개방을 한사코 반대한 것은 분명 조선의 발전을 가로막는 행위였다. 마치 빈대 잡으려고 초가삼간 태운 격이라고 할 수 있다.

여기서 우리가 얻을 수 있는 교훈이 있다. 국가와 같은 큰 집단이건 개인이건 간에 어떤 상황이 예고 없이 닥쳤을 때에는 과연 어떤 선택이 현명한가를 신중히 그러면서도 재빨리 파악하여 결정해야만 큰 화를 피하고 융성한다는 것이다. 조선과 일본의 개화정책을 비교해 보면 이를 잘 알 수 있다.

구식 군인들이 폭발하다

1882년, 임오년에 구식 군인들이 한데 뭉쳐서 조선 정부를 상대로 폭동을 일으켰다. 이 난을 임오년에 일어난 군인들의 난이라고 해서 '임오군란'이라고 한다.

나라를 지켜야 할 군인들이 왜 난을 일으켰을까 이상하게 생각할 수도 있지만, 당시의 정세를 들여다보면 구식 군인들의 반발은 어쩌면 당연했다.

당시 조선 정부는 민씨들이 이끌어 갔다. 흥선대원군이 권좌에서 내려온 이후 고종이 직접 나랏일을 보살폈으나 실제로는 부인인 민씨가 고종의 뒤에서 정사를 조종했으며, 민비의 친척들이 대거 정부의 주요 자리에 등용되어 권력을 장악하고 있었다.

1876년 강화도 조약 이후 쏟아진 다양한 개화정책들이 민씨들의 작품이었으며, 군제 개혁 또한 이들이 부국강병을 위해 추진했던 대표적인 개화정책이었다.

조선의 중앙군은 훈련도감, 어영청, 총융청, 금위영, 수어청으로 구성되어 있었는데, 이 군영들을 모두 합해 5군영이라 했다. 그런데 민씨 정권은 1881년에 5군영 소속의 군사들 중 80여 명을 선발하여 서양의 무기와 군제로 훈련을 실시하는 별기군을 창설했다. 그러면서 기존 군대인 5군영을 무위영과 장어영 2영 체제로 축소 개편하고 신식 군인들인 별기군에 대비시켜 구식 군인이라 했다.

조선 정부는 별기군에 비해 기존의 군사들을 너무나 차별

했다. 5군영 해체로 수천 명의 군인들이 실업자로 전락했을뿐더러, 다행스럽게 2영 소속의 군인으로 계속 근무하게 된 군인들도 새로 창설된 별기군에 비해 한참 떨어지는 대우를 받아야 했다.

아니나 다를까. 심한 차별대우에 구식 군인들이 폭발했다. 별기군 소속의 군인들에게는 매달 봉급을 주면서도 2영 소속의 군인들에게는 재정 부족을 이유로 1년여 이상 지급을 미뤘다. 당시 관리들의 월급은 쌀로 지급했고, 그것을 담당하는 관청이 선혜청이었다.

선혜청의 책임자인 민겸호는 구식 군인들이 봉급을 받지 못해 폭발 직전이라는 사실을 알고는 미지급된 봉급의 일부라도 내주어서 그들의 불만을 가라앉히려 했다. 그래서 선혜청의 창고지기로 있던 자기 집 노비에게 창고 문을 열어 쌀을 나눠주도록 지시했다.

이때 창고지기가 군인들에게 정상적으로 쌀을 지급해 주었다면, 군인들의 폭동은 없었을 것이다. 하지만 선혜청지기는 구식 군인들에게 물에 젖어 썩은 쌀이 태반인, 그것도 쌀겨와 모래가 절반 이상 섞여 있는 쌀을 녹봉이라고 주었다.

잔뜩 열이 오른 군인들은 흥분해서 녹봉 수령을 거부하며 강력히 항의했고, 몇몇 군인들은 창고지기와 몸싸움을 벌였다. 민겸호는 군인들이 난동을 부리고 있다는 이야기를 전해 듣고 주동자를 색출하여 포도청 감옥에 가둬 버리라고 지시했다.

주동자만 강하게 압박하면 난동이 끝나리라 예상했지만, 사건은 민겸호의 생각과는 전혀 다른 방향으로 굴러갔다. 감옥에 갇힌 주동자들의 가족과 구식 군인들이 함께 항의 시위를 하면서 민겸호의 집을 불태워 버렸다.

타오르는 들불처럼 사태가 커지던 중에 구식 군인들은 흥선대원군에게 도움을 요청했다. 왜 하필이면 흥선군이냐고?

흥선대원군하면 떠오르는 것이 뭐지?

통상수교 거부정책.

그렇지. 그렇다면 흥선대원군이 권력을 뺏긴 이유는?

고종이 직접 정치를 한다고 해서.

그렇지, 잘 아네.

그럼, 이제 마지막 질문! 임오군란 당시에 흥선대원군은 어디서 무엇을 하며 살고 있었을까?

잘 모르겠다고?

자기 집인 운현궁에 틀어 박혀 한숨만 푹푹 쉬며 살고 있었다.

아니! 왜 왕의 아버지가 한숨을 푹푹 쉬며 살고 있었느냐고? 생각해 봐! 흥선대원군이 하야(下野)한 이후에 민씨들이 나랏일을 도맡아 하면서 대원군이 펼쳤던 정책과는 정반대로 갔으니, 본인의 맘이 어떠했겠어? 특히 아들보다 더 앞장서서 개방 정책을 펼치는 며느리가 예쁘게 보였겠어?

이미 시아버지와 며느리가 갈등을 겪는다는 소문은 서울 장안 곳곳에 퍼져 있었고, 이 둘의 관계를 어느 정도 알고 있었던 구식 군인들은 곧바로 운현궁으로 달려가 자기들의 편이 되어 달라고 도움을 요청했던 것이다.

여기서 잠깐! 흥선대원군의 입장에서 사태를 한번 살펴보자.

당시 흥선군은 권력에서 물러나 있었지만, 며느리가 주도하는 조선 정부의 개화정책에 불만이 많았다. 그런데 구식 군인들이 정치에 참여해 줄 것을 요청하자, 대원군은 당연한 듯이 '기회는 이때다!' 하면서 정치에 뛰어들었고 자신의 뜻대로 정치적 국면이 돌아가도록 군인들을 뒤에서 조종하기 시작했다. 천군만마와 같은 강력한 지원자를 얻은 구식 군인들은 행동이 더욱 대담해졌다.

훈련원의 무기고를 습격하여 총기를 탈취한 다음에 포도청으로 몰려가서 주동자들을 구출했다. 또한 민씨 정권의 고관들 집에 몰려가 행패를 부리며 그 동안의 실정(失政)에 대한 책임을 물었으며, 별기군 교관으로 있던 호리모토와 일본인들을 살해한 후에 일본 공사관 앞에서 위협 시위를 벌였다. 구식 군인들로 포위된 일본 공사와 관원들은 처음에는 대항했으나 수적으로 불리하여 버티기 힘들다는 것을 깨닫고 공사관 건물을 불태운 뒤, 황망히 인천으로 빠져나가 본국으로 도주해 버렸다.

구식 군인들이 반란을 일으켰다는 소식을 전해들은 고종은 깜짝 놀라 수습책으로 민겸호를 비롯한 선혜청 관계자들을 해임하였다. 하지만 한번 폭발한 구식 군인들의 분노는 걷잡을 수 없어서 궁궐 안에 숨어 있던 민겸호를 붙잡아 죽이는 등 난은 한층 확대되었다.

군인들이 훈련원 무기고를 탈취한 날이 1882년 7월 23일이었는데, 이때부터 나흘 동안 정부 고관 4명과 일본인 13명이 살해되었고, 3백여 군데의 양반 집이 습격을 당했다. 한편 깊숙한 궁궐에 살고 있던 왕비 민씨는 하녀 복장을 하고 남몰래 궁궐을 빠져나와 충주로 피난을 가야 했다.

이러한 혼란을 타개하기 위하여 고종은 흥선대원군에게 도움을 요청했다.

"지금부터 나랏일은 모두 대원군의 자문을 받아 결정하라."라는 지시가 내려졌고, 이에 따라 정권은 흥선대원군 손아귀로 다시 돌아왔다. 대원군이 권좌에서 물러난 지 9년 만의 일로, 그의 나이 62세 때였다.

흥선대원군은 한번 잡은 주도권을 잃지 않기 위해 발 빠르게 움직였다. 우선 난의 원인이었던 2영 군사들의 밀린 봉급을 서둘러서 전액 지급하였다. 이후 정부의 주요 자리를 독점한 채 개화정책을 추진했던 민씨 세력을 몰아내고 자신의 측근들로 내각을 구성하여 기존 정책과는 정반대 정책을 펼치려 했다.

흥선대원군이 추진하려 했던 정책에는 뭐가 있었느냐고?

우선 대원군은 개화정책을 전담했던 기구인 통리기무아문을 폐지하고, 군제를 5군영 체제로 되돌렸다. 여기에 개화정책에 반대하다가 귀양을 갔거나 감옥에 갇혀 있던 유생들도 모두 풀어 주었다.

충주로 몰래 피난 갔던 민 왕후는 어찌 되었을까?

흥선대원군이 생각하기에 며느리인 민씨가 살아 있는 상태에서는 자신의 권력이 항상 불안정할 수밖에 없었다. 그래서 그는 행방불명이 된 민씨를 찾아 죽이려 했다. 그러나 아무리 찾아봐도 민씨의 행방은 알 길이 없었다. 흥선군은 하는 수 없이 그 상태로 민씨의 사망을 공식적으로 선포하고 장례 절차를 밟기 시작했다. 민씨를 죽여야 한다고 주장하는 군인들의 불만을 무마하고 민씨 세력이 다시 권력에 복귀하는 것을 막기 위한 고도의 작전이었다.

그런데 민 왕후는 과연 죽었을까?

천만에 말씀! 그녀는 충주 장호원의 친척 집에 숨어 지내며 다시 정계에 복귀하기 위한 준비를 비밀리에 차근차근 하고 있었다. 그 준비란 바로 청나라에 도움을 요청하는 것이었다. 이 당시 청나라에는 김윤식이 신식 무기 제조 기술을 배우는 유학생들을 이끌고 영선사로 가 있었는데, 그를 통해 청나라 왕에게 도움을 요청하는 편지를 보냈다.

민 왕후의 도움 요청을 받은 청나라는 곧바로 응했다. 그렇지 않아도 일본을 비롯한 서구 열강의 조선 진출로 조선에 대한 청의 종주권이 흔들리고 있었는데, 민씨의 요청은 조선이 청의 지배하에 있음을 세계만방에 알릴 수 있는 좋은 기회였다.

청나라 왕은 3천여 명의 군인을 조선 땅에 보내 반란을 진압하게 했으며, 사건의 배후에 있던 흥선대원군을 청나라로 잡아가 버렸다.

죽었다고 소문이 났던 민 왕후는 청나라 군사들이 난을 진압하자 의기양양하게 청국 군대의 호위 속에 서울의 궁궐로 돌아왔으며, 다시 조선 천지는 민씨들이 좌우하는 세상이 되고 말았다.

자! 이쯤에서 임오군란의 결론을 살펴보자.

청의 힘을 빌려 군란을 진압한 대가는 참으로 혹독했다. 청나라는 서울에 3천여 명의 청군을 주둔시켰으며, 마젠창(마건상)과 독일인 묄렌도르프, 위안스카이(원세개)를 조선의 정치와 재정, 군사를 담당하는 고문관으로 파견하여 조선의 내정을 간섭했다.

　여기에 '조·청상민수륙무역장정'을 체결하여 중국 상인들이 조선 땅 곳곳에서 상업 활동을 할 수 있게 했다. 개항 이후 조선의 무역은 일본 상인들이 주도하고 있었는데, 이들은 아직까지 개항장 안에서만 상업 활동을 할 수 있었다. 그런데 조·청상민수륙무역장정 체결로 청나라 상인들에게 내륙 무역이 허용되면서, 일본 상인들에게도 덩달아 허용할 수밖에 없었다. 이제 조선 땅 곳곳에서는 일본 상인과 청나라 상인들이 서로 돈을 더 벌기 위해 치열하게 경쟁했으며, 그 와중에서 불쌍한 조선 상인과 농민들만 '고래 싸움에 새우 등 터지듯'이 큰 피해를 입어야 했다.

한편 일본 정부는 군란으로 인해 자기 나라 공사관이 불타 버렸고 일본인 다수가 살해되었다며 피해를 보상하라고 조선 정부를 압박해 왔다. 그 결과 제물포 조약이 체결되어 일본은 자국 공사관의 보호를 명분으로 3백여 명의 일본군을 서울에 상주시킬 수 있는 권한과 막대한 배상금을 챙길 수 있었다.

현재 국립중앙박물관이 있는 용산 지역은 근대부터 현대까지 외국 군인들이 주로 주둔하던, 우리 민족의 입장에서 보면 비운의 땅이다.

임오군란을 진압하기 위해서 온 청나라 군대는 군란이 진압된 이후에도 이곳에 자리 잡고서 조선의 내정을 간섭했다. 한편 청·일 전쟁(1884)부터는 이곳을 일본 군대가 차지했으며, 이들은 1945년 우리 민족이 해방될 때까지 이곳에 주둔하면서 우리 민족을 탄압하였다.

해방 이후에는 이 땅을 미군이 차지했다. 얄타회담[17]으로 38선 이남의 땅을 책임진 미국은 미 육군 제24군단을 한반도 남부 지역에 두었는데, 이때 그 본부가 일본군이 자리 잡고 있던 용산에 설치되었다. 이후 용산은 2000년대까지 미군 주둔지

17) 얄타회담 제2차 세계대전 무렵인 1945년 2월에 소련(현재 러시아)의 흑해 연안 도시인 얄타에서 미국·영국·소련의 지도자들이 모여 전쟁 종결과 그 이후의 처리 문제를 토론한 회의. 일본 패망 후 한반도는 38도선을 경계로 북쪽 지역은 소련이, 남쪽 지역은 미국이 주도하여 여러 문제를 처리하기로 이 회담에서 합의했다.

조선의 살 길, 개화냐 보수냐 093

었다.

2004년에 와서야 미국과 우리나라 정부가 주한미군 사령부를 비롯한 용산의 미군 시설들을 경기도 오산, 평택으로 옮기기로 합의하면서 비로소 용산 지역은 우리나라 사람들이 자유롭게 거닐 수 있는 땅이 되었다.

우리 국토 안, 그것도 우리 민족의 심장부 서울의 알짜배기 땅 용산에 이런 비극의 역사가 숨겨져 있다. 민족의 심장을 도려내는 아픔 그 자체가 아닐 수 없다. 자고로 어느 민족, 어느 국가던지 스스로 문제를 해결하려는 노력이 없으면 외세의 영향을 받게 된다. 역사가 주는 교훈이다. 밑줄 쫙!!!

개화가 대세다

개화기로 접어들던 무렵에 외국과의 교류를 서둘러야 한다고 주장했던 대표적 인물은 박규수였다. 그는 조선 후기 실학자이자 명문장가였던 연암 박지원의 손자로 1860년 청나라에 사절단으로 갔다. 1860년이면, 청나라가 영국·프랑스 주도의 서양 연합군에게 묵사발이 되었던 해로, 박규수는 세계 유일의 문명국이라 생각했던 청나라의 혼란상을 두 눈으로 똑똑히 보고 왔다.

그는 서양 세력들의 통상 요구를 거부만 하기보다는 차라리 우리가 자발적으로 나라 문을 열어 서양 제국의 발전된 문물을 받아들이는 것이 부국강병의 지름길이라고 판단했다. 하지만 그의 이러한 생각도 흥선대원군 시대에는 벽에 부딪쳐 되돌아오는 메아리에 불과했다.

물론 개화는 당시의 세계정세에서 누구도 거스를 수 없는 큰 물줄기였기에 조선 내에서도 박규수처럼 개화를 주장하는 사람들이 하나둘 나타났다. 그 대표적 인물이 중인 출신의 오경석과 유홍기였다. 오경석은 통역관으로 청나라 사절단을 따라 중국을 여러 번 오고 가면서 개화의 필요성을 느꼈고, 그의 절친한 친구이자 한의사였던 유홍기 또한 오경석의 영향을 받아 적극적으로 개화를 지지했다.

개화를 주장하는 사람들은 1873년에 흥선대원군이 물러나고 고종이 직접 정치를 시작하자, 주로 박규수의 사랑방에 모여 앞으로 어떻게 할 것인지를 두고 토론을 자주 벌였다. 이때 양반 집안의 젊은이들 중에서도 개화에 관심이 많은 자들이 있었고, 이들이 박규수의 사랑방에 들락거리며 점차 개화파가 형성되기 시작하였다.

조선 개화의 선구자라고 할 수 있는 박규수는 71세의 나이로 조선이 개항한 직후인 1877년에 죽었다. 하지만 그가 기반을 닦아 놓은 조선의 개화사상은 오경석, 유홍기를 통해 젊은 양반 지식인들에게 전달되어 김옥균, 박영효, 홍영식, 서광범, 서재필, 유길준, 김윤식, 김홍집, 어윤중 등과 같은 젊은 지식인 중심의 개화파를 배출해 낼 수 있었다.

한편 개항 이후 민씨 정권이 주도하여 개화정책을 본격적으로 펼치면서 개화파는 두 갈래로 나뉘었다. 민씨 정권은 조선의 개화를 '동도서기론(東道西器論)'적 입장에서 추진하려 했다. 동도서기가 뭐냐고? 개화를 하는 데 있어서 그 근본을 동양의 도에 두고 서양의 기술 문명을 받아들이자는 주의다. 다시 말해서 조선 사회를 이끌었던 기본 이념인 성리학적 사고관에 바탕한 정치, 사회 제도와 사상은 그대로 놔두고 물질적으로 우수하다고 인정된 서양의 무기나 기술 정도만 수용하자는 것이다.

이러한 생각이 잘못된 것이냐고? 아니, 그건 아니다. 위정척사가 대세였던 당시 조선의 현실에서 동도서기론은 위정척사파의 강력한 개화 반대를 어느 정도 누그러뜨려 줄 수 있었다. 어찌 보면, 위정척사파의 주장이 워낙 강하여 그들을 설득하는 과정에서 나온 입장일 수도 있다. 하지만 동도서기론은 사회 제도나 사상의 변화가 없이 기술 문명만 수용해서는 이미 체질 개선이 이루어져 발전의 속도를 높이고 있는 서양 제국들을 따라잡을 수 없다는 점에서 심각한 결함을 안고 있었다.

중국이 추진한 양무운동[18]의 구호가 '중체서용(中體西用)'이었다. 중국 것을 몸으로 삼고 서양의 기술 문명만 받아들이자는 주의이다. 이러한 중국의 근대화 운동은 실패로 끝나고 말았다. 반면에 일본의 근대화 운동인 메이지유신은 서구 나라들과 보조를 맞출 수 있도록 정치 체제와 제도를 근본적으로 뜯어고치면서 서양 문물을 수용해 갔다. 그 결과 아시아에서는 유일하게 일본만이 서구식 근대화에 성공할 수 있었다.

조선의 젊은 개화 세력들인 김옥균, 박영효, 홍영식, 서광범 등은 일본의 메이지유신식 근대화를 추진하고 싶었다. 반면에 민씨 정권과 김윤식, 김홍집, 어윤중 등은 중국의 양무운동을 조선 개화의 모델로 삼아 동도서기론에 입각한 완만한 개화 정책을 추진하려 했다. 여기에 민씨 정권은 개화정책을 자신들의 권력을 강화하는 데 이용하려 했으며, 임오군란 이후에 친청 정책이 강화되며 이러한 경향은 한층 더 심해졌다.

1882년에 발생한 임오군란은 개화파가 두 갈래로 갈라지

18) **양무운동** 1861년부터 1894년까지 중국 청나라에서 진행된 서구식 근대화 운동. 조선의 개화정책이 이 운동을 모델로 삼아 추진되었다.

는 결정적 계기가 되었다. 임오군란 이후 민씨 정권은 청나라에 질질 끌려 다녔으며, 개화 추진의 속도는 전에 비해 크게 느려졌다. 본격적으로 개혁을 추진하여 나라의 부국강병을 앞당기고 싶었던 김옥균을 비롯한 젊은 개화파들은 애가 달았다.

이러한 시대 상황 속에서 개화파는 점진적으로 개혁을 추진하려는 온건 개화파 대 급진적으로 개혁을 추진하려는 급진 개화파로 나뉘었다.

민씨 정권은 온건 개화파와 손잡고 정치, 사회 제도의 개혁은 최소한도로 그치고, 서양의 과학과 기술 문명 도입에 적극적으로 뛰어들었다. 급진 개화파는 정부의 이러한 개화정책에 비판적이었다.

이때 마침, 조선 정부는 청나라가 임오군란 이후 조선에 보낸 재정 고문 묄렌도르프의 조언에 따라 개화정책에 필요한 재정을 확보하기 위하여 새로운 화폐 당오전을 발행하였다. 이 화폐는 조선 후기 기본 화폐인 상평통보의 5배 가치를 가진 돈이었다. 그러나 당오전의 실제 가치는 상평통보의

2배 정도에 불과했다.

신화폐의 발행은 물가 폭등 등 각종 부작용을 가져오며 인플레이션을 유발했다. 급진 개화파(개화당)의 리더였던 김옥균은 당오전 발행의 문제점을 지적하면서 외국에서 차관을 들여와 개화를 추진하는 것이 더 나은 방법이라고 대안을 제시했다. 그러면서 고종에게 자신이 일본에 들어가 차관을 빌려 오겠다며 승인해 줄 것을 요청했다. 고종은 "빌려 올 수만 있다면, 더 많은 자금을 가져오라."는 격려와 함께 김옥균을 일본으로 보냈다.

하지만 김옥균의 일본행은 실패로 끝났다. 그가 일본에 가서 손을 내밀자, 일본 정부는 도와줄 듯하다가 끝내는 오리발을 내밀었다. 김옥균은 아무 소득 없이 귀국할 수밖에 없었다.

이 사건으로 개화당의 입지는 조선 정부 내에서 한층 더 위축되었다. 이에 개화당 내부에서는 가만히 앉아서 당하느니 무슨 수를 써서라도 정국의 흐름을 자기들 편으로 바꿔 놓아야 한다는 의견들이 나오기 시작했다. 이런 생각들이 구체화된 것이 갑신정변이었다.

개화당의 무모한 도전

개화당 사람들의 정권 탈취 계획은 의외로 쉽게 찾아왔다. 청나라가 종주권을 행사하고 있던 베트남을 프랑스가 식민지로 삼으려 했다. 청은 이를 그대로 둘 수 없어서 베트남 북부 지역에서 프랑스와 한판 싸움을 시작했다. 이때 청나라는 조선에 군사 3천여 명을 주둔시키고 있었는데, 그 절반을 베트남으로 이동시켰다.

개화당 사람들은 이 기회를 이용하려 했다. 김옥균을 비롯한 개화당의 주축은 박영효의 집에 모여 일본의 협조를 받아 거사를 치르기로 결의했다.

김옥균이 비밀리에 일본 공사 다케조에 신이치로를 만나 자신들의 정변[19] 의지를 밝히며 협조 의사를 타진했다. 임오군란 이후 조선 정부의 친청 정책 강화로 조선에 대한 정치적 영향력이 떨어지고 있던 일본은 김옥균의 제안에 솔깃했다. 일본 공사는 자신들이 뒤에서 적극적으로 밀어 주겠다고 하면서, 정변이 성공하면 개화정책의 성공적 추진을 위해 3백만 엔의 차관을 제공해 주겠다는 추가 약속까지 했다.

일본의 지지를 확인한 개화당 사람들은 정변의 성공을 확신하면서 1884년 12월 4일을 거사일로 잡았다. 왜 구태여 추운 겨울날을 선택했느냐고? 이날 저녁에 우정총국 개설 기념식이 예정되어 있었다. 오늘날의 우체국인 이 기구의 총책임자인 총판으로 개화당 인사 홍영식이 임명되어 있었고 축하 잔치에 정부 고관들 대다수가 참석하기로 되어 있어서 거사를 치르기에 적당했다.

[19] **정변** 혁명이나 쿠데타 등 비합법적인 수단으로 생긴 정치상의 큰 변동.

정변의 결과는 어찌 되었을까? 성공했을까?

아니다. 실패하고 말았다. 왜 그랬을까?

지금으로부터 120여 년 전인 갑신정변의 현장으로 장콩 선생을 파견하여 그 이유를 알아보자.

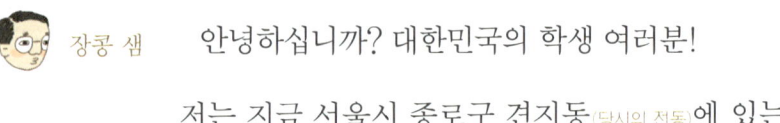

장콩 샘   안녕하십니까? 대한민국의 학생 여러분!

저는 지금 서울시 종로구 견지동(당시의 전동)에 있는

체신기념관 앞에 나와 있습니다. 과거 우정총국이었던 이 건물에서 김옥균을 비롯한 개화당 사람들이 자신들의 뜻대로 개혁 정책을 추진하기 위하여 반대파를 죽이는 갑신정변을 일으켰습니다. 그럼 지금부터 저와 함께 갑신정변의 현장으로 뛰어들어 보겠습니다.

슈융! 숭구리 당당 당당다아아앙!

 장콩 샘 제가 서 있는 이곳은 우정총국 입구입니다. 현재 시간은 1884년 12월 4일 오후 6시입니다. 잠시 후면 우정총국 개국 축하연이 이곳에서 성대히 개최됩니다. 파티가 열리기 전이라 아직 연회장 내부는 한산합니다.
개화당 사람들인 박영효, 김옥균, 홍영식이 보이고 있으며, 민씨 정권을 지지하고 있는 온건 개화파인 김홍집, 민영익도 보입니다. 민영익은

본래 개화당 인사들과 매우 친했는데, 개화의 방법 때문에 사이가 벌어져서 요즘은 소 닭 보듯 하는 사이가 되고 말았다는군요. 아! 저기 개화당에 대해 본래부터 비판적이었던 한규직과 이조연도 하인들을 앞세우고 방금 연회장 앞에 도착했습니다.

청에서 파견한 묄렌도르프 재정 고문, 푸트 미국 공사, 애스턴 영국 공사를 비롯한 여러 외국 공사들도 우정국 개국을 축하해 주기 위해 이곳에 오고 있다고 합니다. 그런데 소식통에 따르면 일본 공사는 불참한다고 합니다. 조선 일이라면 눈에 쌍심지를 켜고 달려드는 일본이 대표를 보내지 않는 것이 의외입니다.

드디어 축하 파티가 시작되는 7시입니다. 이제 저는 연회장으로 이동하여 파티가 어떻게 진행되는지 살펴보겠습니다.

아아, 그런데요. 우정국 옆에 있는 초가집에서 불길이 치솟아 오르네요.

우르르으으웅! 쿵! 쿵!

대포 소리가 천둥치듯이 들리는데 이게 무슨 일일까요? 연회장 안에서 사람들의 비명 소리가 들립니다. 아무래도 아주 큰일이 발생한 것 같습니다.

앗! 민영익이 문을 열고 나오다 칼에 맞아 쓰러집니다. 민영익을 죽이려는 자가 누구인지 확실하지 않습니다. 제가 사태를 파악하기 위해 안쪽으로 들어가 보겠습니다.

내부는 지금 아비규환이 따로 없습니다. 많은 사람들이 칼에 맞아 피가 낭자한 채 곳곳에 쓰러져 있습니다. 마침 저기 김옥균이 보이는군요. 어찌 된 영문인지 한번 알아보겠습니다.

 장콩 샘   지금 무슨 일이 발생했습니까?

 김옥균   우리 개화당 사람들이 조선의 개화정책 추진을 앞당기기 위하여 개화에 반대하는 보수파 무리를 처단했소.

 장콩 샘   아니, 그럼 지금 쓰러져 있는 사람들은 전부 개화당 반대편에 섰던 사람들이라는 말씀입니까? 조금 전에 들어오다 보니, 민영익도 칼에 맞아 쓰러져 있던데, 민영익과는 친한 사이지 않습니까?

 김옥균   한때 친했던 사이는 맞소이다. 하지만 민영익이 보빙사로 미국에 다녀온 이후에 우리 개화당의 개혁 방안을 자꾸 비판하고 있소. 현실이 이러하니 민영익 또한 제거하지 않을 수 없었소.

개화당 사람들은 우정국 개국 축하장을 난장판으로 만들며, 자신들의 반대 세력을 깡그리 없애 버렸다. 그 후 그들은 일본 공사관으로 급히 찾아가 다케조에 공사에게 군대 동원을 확인받았다. 곧이어 왕이 살고 있는 창덕궁으로 달려가 고종과 중전 민비에게 "청군이 반란을 일으켰다."라고 거짓 보고를 한 후에 거처를 경우궁으로 옮기자고 설득했다.

이때 개화당 사람들은 고종 부부의 마음을 움직이기 위해 '깜짝쇼'를 하나 벌였다. 궁궐 내에 있던 통명전 앞에 폭탄을 설치하여 터트린 것이다. '꽝' 하는 소리가 밤하늘에 울려 퍼지자, 사태 파악을 확실히 못하고 있던 고종은 김옥균의 권유에 따라 일본 공사에게 신변 보호를 위한 병력을 보내 달라는 비밀 편지를 보내고 경우궁으로 거처를 옮겼다.

이미 출동 준비를 마치고 대기하고 있던 일본 군대는 박영효가 고종의 비밀 편지를 가지고 오자 바로 행동을 개시했다. 보호를 명분으로 경우궁에 있던 고종을 감시하며, 개화당 사람들이 죽이라고 지목한 사람들을 하나 둘 살해했다. 이날 밤에 죽은 정부 고관은 조영하, 민영목, 민태호, 윤태준, 이조연, 한규직 등 11명으로 모두 개화당에 반대하던 사람들이었다.

그런데 김옥균은 왜 고종의 거처를 경우궁으로 옮겼을까?

그것은 경우궁이 창덕궁보다 공간이 작아서 소수의 병력으로 지키기가 수월했기 때문이다. 당시 조선 땅에는 공사관 보호를 명분으로 일본군 3백 명이 들어와 있었는데, 이들 중 150명이 정변에 동원되었다. 개화당에서 동원한 병력은 80여 명이었다. 반면에 청나라 군인들은 1,500여 명이 서울에 주둔하고 있어서 이들이 개입하면 전세는 곧바로 개화당에 불리하게 될 가능성이 농후했다.

갑신정변의 첫날 밤은 이처럼 다급하게 흘러가고 둘째 날이 되었다. 개화당은 서둘러 급진 개화파 위주의 정부 내각을 구성하여 고종에게 승인받았다. 하지만 이 내각에는 개화당 사람들 외에도 온건 개화파인 김윤식, 김홍집 등도 들어갈 수밖에 없었다. 새로운 내각이 개화당만이 아닌 여러 세력이 포진한 거국내각임을 외부에 내보일 필요가 있었으며, 개화당 사람들만으로 내각을 구성하기에는 그 수가 너무 적었기 때문이다.

개화당이 발표한 내각안을 살펴본 중전 민씨는 강하게 반발했다. 내각의 우두머리인 영의정에 흥선대원군의 조카인 이재원이 임명되었으며, 부총리 격인 좌의정에 홍영식, 외교와 교육 담당 장관인 예조판서에 김윤식, 수도방위사령관에 해당하는 좌우 포도대장에는 박영효, 서광범이 임명되는 등 민씨 일족은 눈을 씻고 봐도 찾을 수가 없었다.

민비의 눈에 갑신정변은 자신과 자신의 친정집 식구들을 왕따시킨 사건이었다. 민비는 비밀리에 청나라 공사관에 사람을 보내 도와줄 것을 부탁했다. 그러면서 경우궁이 너무 작아 생활하기 불편하니, 창덕궁으로 되돌아가야 한다고 고집을 피웠다. 공간이 넓은 창덕궁으로 옮겨야 수가 적은 개화당이나 일본 군인들의 감시망을 벗어날 수 있다는 계산이 깔린 노림수였다.

김옥균을 비롯한 개화당 사람들은 중전 민씨의 속셈을 어느 정도 눈치 채고 있었기에 경우궁을 고집했으나, 고종까지 창덕궁 환궁을 주장하자 어쩔 수 없이 왕의 거처를 창덕궁으로 옮겨야 했다. 이러한 와중에 개화당은 국가의 비전을 제시하는 14개 조의 개혁 요강을 작성하여 반포했다.

개화당의 개혁 추진 방향이 담긴 이 선언서는 청의 종주권을 부인하는 것으로 시작하여 문벌 폐지와 인민 평등, 건전 재정 확립 등 조선을 서양 나라들과 대등한 근대 국민국가로 발전시킬 수 있는 여러 내용을 담고 있다.

여기서 잠깐! 갑신정변의 개혁 요강을 민중의 입장에서 삐딱하게 한번 살펴보자.

당시 민중인 농민의 입장에서 본다면, 개혁 요강은 분명히 문제가 있다. 그게 뭐냐고? 조선 사회의 다수를 차지하고 있는 농민층에게 가장 필요한 토지 분배안이 빠져 있다. 이는 결국 갑신정변을 일으킨 주체 세력의 한계라고 할 수 있다. 개화

개혁 요강 14조

1. 청에 잡혀간 흥선대원군을 곧 돌아오게 하며, 종래 청에 대하여 행하던 겉만 번드르르하게 꾸민 의례를 폐지한다.
2. 문벌을 폐지하여 인민 평등의 권리를 세우고, 능력에 따라 관리를 임명한다.
3. 지조법을 개혁하여 관리의 부정을 막고 백성을 보호하며 국가 재정을 넉넉하게 한다.
4. 내시부를 없애고, 그 중에 우수한 인재를 등용한다.
5. 부정한 관리 중 그 죄가 심한 자는 벌을 준다.
6. 각 도의 상환미를 영구히 받지 않는다.
7. 규장각을 폐지한다.
8. 급히 순사를 두어 도둑을 방지한다.
9. 혜상공국을 폐지한다.
10. 귀양살이를 하고 있는 자와 옥에 갇혀 있는 자는 그 정상을 참작하여 적당히 형을 감한다.
11. 4영을 합하여 1영으로 하되, 영 중에서 장정을 선발하여 근위대를 급히 설치한다.
12. 모든 재정은 호조에서 통할한다.
13. 대신과 참찬은 날짜를 정하여 합문 내의 의정부에 모여 정령을 의결하고 반포한다.
14. 의정부, 6조 외에 모든 불필요한 기관을 없앤다.

당 사람들이 진보적 생각을 가진 사람들임에는 틀림없지만 그들 자신들의 특권, 즉 양반으로서의 기득권까지 포기할 생각은 없는 상태에서 개혁을 추진하려 했던 것이다.

정변 발생 3일째 되던 날인 12월 6일, 개화당 사람들은 오전 9시 무렵에 14개 조의 개혁 요강을 서울 시내 곳곳에 붙여 백성들에게 알렸다. 그러나 개화당의 이러한 노력은 청군이 개입하자마자 모래로 쌓은 성처럼 허무하게 무너져 내렸다.

호시탐탐 기회만 엿보고 있던 청나라 군대가 오후 3시경에 작전을 개시했다. 위안스카이가 이끄는 청군은 6백여 명의 병력으로 창덕궁을 공격하기 시작했다. 개화당을 지지하는 세력과 일본군이 창덕궁 주위를 방어하고 있었고 일본의 다케조에 공사가 "일본군은 훈련이 잘된 정예군이므로 100명 정도면, 오합지졸의 청군 1,500명을 쉽게 이길 수 있다."라고 호언장담했지만, 실제로는 그렇지 못했다. 청군이 본격적으로 공격해 오자 일본군은 꼬리를 내리고 도망치기 시작했다.

일본만 믿고 정변을 일으켰던 김옥균을 비롯한 개화당 사람들은 닭 쫓던 개 지붕 쳐다보는 꼴이 되고 말았다. 김옥균과 박영효, 서광범, 서재필 등 개화당 사람들은 일본 사람들의 꽁무니에 매달려 인천을 통해 일본으로 망명을 가야 했다. 정변의 한 주역인 홍영식은 궁궐에 남아 끝까지 고종을 보필하겠다고 했으나 청군의 손에 살해되고 말았으며, 개화당 사람들의 정신적 지주이자 '멘토' 역할을 했던 유홍기는 흔적도 없이 서울 장안에서 사라져 버렸다. 결국 개화당 사람들이 일으킨 갑신정변은 3일 만에 실패로 끝나고 말았다. 개화당 3일 천하였다.

개화당 혁명이 실패로 끝난 이유는 두 가지 측면에서 살필 수 있다.

첫째, 개화당 사람들은 자신들의 힘과 일본의 지지만으로도 혁명이 쉽게 성공할 것으로 예상했다. 하지만 조선 정부 내에서 소수 세력에 불과한 개화당으로서는 개혁을 적극적으로 추진해 나갈 인물이 부족하여 정변 성공 이후부터 계속 삐걱거렸으며, 일본의 힘을 지나치게 과대평가한 나머지 청나라의 반격에 소홀했다.

둘째, 민중의 지지를 받지 못했다. 갑신정변은 급진 개화사상을 지닌 일부 젊은 양반 지식인의 '그들만의 축제'에 불과했다. 그렇다 보니, 민중들은 삶의 질을 향상시키는 데 큰 도움이 되는 혁명이었는데도 정변을 지지하지 않았다.

그럼 정변 실패로 조선은 어떻게 변했을까?

첫째, 청나라의 영향력이 한층 강해졌다. 정변의 주동자들과 그 후원 세력인 일본 사람들을 3일 만에 서울에서 쫓아냄으로써 청나라는 조선이 여전히 자기들 손에 있다는 것을 대내외에 과시할 수 있었다.

둘째, 급진 개화파가 몰락하고 내각이 민씨 일색의 보수파로 꾸려지면서 개화정책의 추진 동력은 더욱 줄어들었다. 서구식 근대화보다 기존 체제 지키기에 급급했던 조선 정부 내에서 개화당 인사들은 비록 소수였지만, 조선이 근대 국민국가로 발전해 나갈 수 있는 희망이었다. 그런데 이들이 일시에 사라짐으로써 조선의 근대화 정책은 철퇴를 맞고 휘청거렸다. 어찌 보면 당시 조선의 현실에서 가장 뼈아픈 결과였다.

셋째, 일본에게 배상금을 지불해야 했다. 갑신정변의 배후에는 일본이 있었기에 일본 또한 정변의 책임이 있었다. 그런데도 일본은 크게 타격을 받지 않았다. 일본 정부가 갑신정변의 후원을 다케조에 일본 공사 개인의 결정으로 몰아갔기 때문이다. 일본 정부는 군함 7척에 수백 명의 군사들을 태우고 와서는 일본 공사관이 불에 탔고 다수의 일본인이 죽었다며 이에 대한 보상을 요구했다. 조선으로서는 무척 억울했지만, 일본의 강압에 눌려 한성 조약을 맺고 막대한 배상금을 지불할 수밖에 없었다.

한편 일본의 교묘한 술책은 여기서 끝나지 않았다. 조선에서 청나라의 입지가 강화된 것은 사실이었지만, 청나라는 당시 서구 열강들의 침탈 속에서 만신창이가 되어 있었고 많은 병력을 조선에 주둔시킬 여유가 없었다. 이러한 사실을 눈치 챈 일본은 양국의 병력을 동시에 철수하자고 청나라에 제안했다. 조선 땅에 주둔하는 양국 군대의 병력을 보았을 때 일본보다 청나라가 훨씬 많았고, 일본의 영향력이 조선에서 위축된 상태였기에 일본의 이 같은 제안은 조선에서 청나라의 영향력을 축소하기 위한 꼼수임이 분명했다. 청나라 또한 일본의 뻔한 속셈을 알고 있었다. 그런데도 청은 이 제안을 받아들였다. 중국 본토의 혼란을 수습하는 것이 먼저였고, 조선에 대한 영향력 면에서 일본보다 자기들이 더 앞선다고 판단했기 때문이다. 그래서 청나라와 일본 대표는 중국의 톈진(천진)에서 만나 "양국 군대가 조선 땅에서 동시에 철수하되, 앞으로 군대를 보낼 필요가 있을 때는 상대국에 사전에 통보한다."라는 내용을 핵심으로 한 톈진 조약을 체결하였다.

그 결과 일본은 청나라와 동등하게 조선에 군대를 파병할 수 있는 권리를 가지게 되었다. 여기에 1894년에 일어난 청·일 전쟁의 빌미가 되며, 이 전쟁에서 청군은 일본군에게 엄청나게 얻어터지고 말았다. 자다가 무슨 봉창 두드리는 소리냐고? 1894년 동학농민운동으로 정권 수호에 위협을 느낀 민비는 청나라에 도움을 요청했다. 이때 청나라는 곧바로 군대를 파병했고, 이를 지켜보고 있던 일본은 청나라가 텐진 조약을 위배했다며 조선의 요청이 없었는데도 군대를 조선 땅에 파견했다. 이후 충청도 아산만에 주둔하고 있던 청나라 함대를 일본군이 기습 공격함으로써 청·일 전쟁이 시작되었고, 이 전쟁이 일본의 승리로 귀결되며 조선은 일본의 손아귀에서 놀아나게 되었다.

자! 이제 마무리하자.

갑신정변이 뭐라고?

보수파가 주류를 이루던 조선의 현실에서 젊고 급진적인 지식인들이 더욱 부강한 조선을 이룩하기 위해 일본의 협조를 얻어 일으킨 혁명. 그러나 현실은 녹녹하지 않아 그들의 세상은 3일 천하로 끝났다.

아! 안타깝고 안타깝구나. 갑신년의 3일 천하여!

역사 그루터기

죽음의 문턱에 선 민영익을
살린 서양 의술

1884년 12월 4일 저녁 무렵, 우정국 축하연에 참석한 명성황후의 조카 민영익이 개화당 사람들의 칼에 난도질 당해 죽기 일보 직전에 놓였다. 이 사실을 알게 된 독일인 외교 고문 묄렌도르프는 알렌에게 민영익의 치료를 맡겼다.

알렌은 칼에 맞아 걸레처럼 되어 버린 몸 곳곳의 상처들을 깨끗이 소독하고 명주실로 꿰맨 후에 붕대를 감았다. 이런 식으로 모두 27군데를 꿰매 놓으니, 혼수상태에 빠져 있다가 4일 만에 기적적으로 되살아났다.

이 사건으로 서양 의학의 우수성을 입증해 보인 알렌은 이듬해 1월 민영익을 통해 서양식 병원 설립을 조선 정부에 공식적으로 제안했다. 고종의 승인으로 1885년 4월 10일 최초의 서양식 병원이 서울 재동(현재의 헌법재판소 안)에 설립되었다. 이름을 처음에는 '널리 은혜를 베푼다.'라는 뜻에서 '광혜원'이라 했다가 곧 '제중원'으로 변경했다. 제중원은 '사람을 구제하는 집'이라는 뜻으로, 논어에 나오는 '박시제중(博施濟衆: 백성들에게 널리 베풀고 많은 사람들을 구제함)'에서 따온 이름이었다. 이로써 우리나라 최초의 근대식 병원이 탄생했다.

한편 제중원에서는 1886년 3월에 양반 자제 중에서 학생 16명을 선발하였다. 그중 12명이 본과에 진급하여 서양식 의료 기술을 공부하였는데, 이것이 한국 근대 의학 교육의 시초였다. 1890년대로 넘어가며 제중원은 왕립 병원에서 선교사들이 운영하는 사립 병원으로 변경, 미국인 기부자의 이름을 딴 세브란스 병원으로 오늘에 이르고 있다.

12 열강의 침탈 속에 표류하는 조선

영국 군인들이 거문도를 점령하다

1885년, 영국 군인들이 한반도 남쪽에 있는 섬인 거문도를 불법으로 점령했다.

어째 이런 일이! 신사의 나라 영국이 남의 나라 땅을 사전에 말 한마디 없이 불법으로 점령하다니. 참으로 기가 막히고 어이없다.

숭어가 뛰니 망둥이도 뛰더라고, "영국이 이럴 줄은 정말 몰랐다."라고 말해 봤자 말짱 헛것이다. '신사의 나라'는 허상에

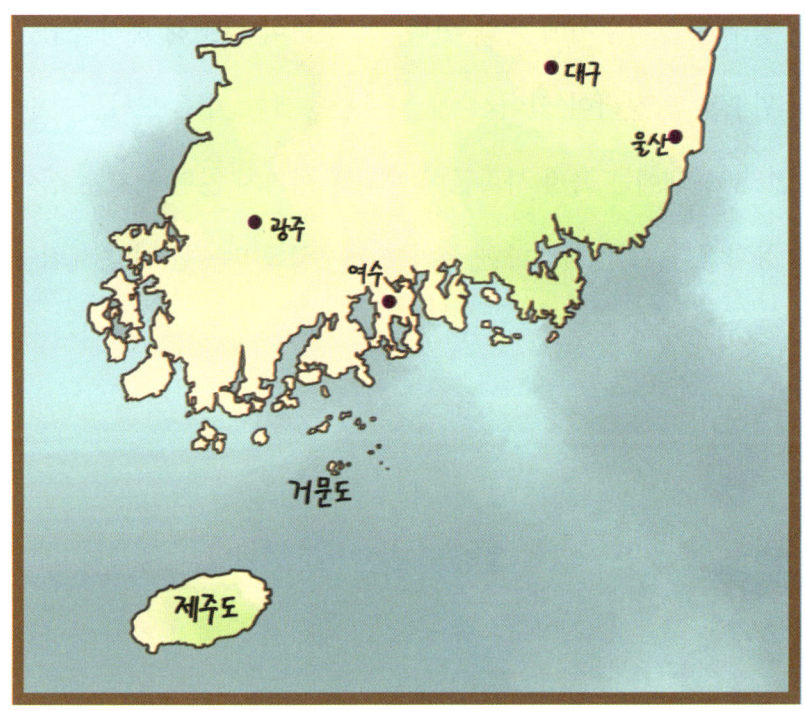

거문도

불과할 뿐 당시 영국은 서구 제국주의의 선두 주자로서 자기 나라의 이익을 극대화하기 위해 약소국가를 맘대로 농락하던 침략자였다.

그런데 영국은 왜 아시아의 동쪽 끝에 있는 조선, 그것도 거의 쓸모가 없을 것 같은 그런 섬을 강제 점령했을까?

거문도는 전라남도 여수와 제주 사이에 있는 섬으로 행

정구역상 여수시에 속해 있다. 섬 주변이 다도해 해상국립공원으로 지정되어 있어서 지금은 관광객이 자주 드나들지만, 1880년대에는 육지 사람들이 거의 들어가지 않던 외로운 섬에 불과했다. 그런 자그마한 섬인데도 영국을 비롯한 서양 세력들은 일본에서 조선으로 건너오는 관문으로 생각하여 상당히 주목했다.

거문도가 서양에 알려진 것은 1845년이었다. 중국과 아편전쟁을 치르고 난 영국은 중국 주변 바다를 살피기 위해 사마랑호를 파견했다. 이 배가 1845년 6월과 7월경에 조선의 남해안을 탐사하면서 거문도를 처음 발견하여 해밀턴항이라 이름을 붙였다. 이후 1854년에 러시아 함대 4척이 이곳에 정박하였으며, 미국은 제너럴셔먼호 사건을 조사하기 위해 1867년 군함을 보내 거문도를 탐사한 뒤 미국의 해군기지로 적합하다는 보고서를 본국에 보냈다. 1875년에는 일본에 와 있던 영국 공사가 러시아의 남하를 대비하기 위하여 거문도를 점령해야 한다고 자기 나라 정부에 보고했다. 영국은 1882년에 조선과 수교조약을 체결하면서 거문도를 임대해 달라고 제안하기도 했다. 그런데 영국이 1885년 4월 조선 정부에 일언반구 말도 없이 거문도를 점거했다.

당시 러시아는 근대화 정책을 추진하면서 얼지 않는 항구를 획득하기 위하여 남쪽 지역으로 끊임없이 세력을 확장하고 있었다. 러시아의 이러한 '남하정책'은 아시아와 아프리카 곳곳에 식민지를 두고 있던 영국에 큰 위협이 되었다. 영국은 러시아의 남하를 저지하기 위해 발칸 반도, 이란, 아프가니스탄 등지에서 러시아와 끊임없이 대립하고 있었다.

이처럼 양국 관계가 긴장 상태에 있었을 때 조선에서도 영국을 자극하는 사건이 발생했다. 조선 정부가 러시아와 비밀리에 협약을 체결한다는 소문이었다.

갑신정변 이후 청나라의 내정간섭이 도를 넘어서자, 민씨 정권은 청의 지나친 간섭에서 벗어나기 위해 묄렌도르프의 도움을 얻어 러시아와 비밀협약을 체결하려 했다. 묄렌도르프는 청나라의 고문 자격으로 조선에 들어와 있었으나, 조선이 처한 현실을 어느 정도는 인식하고 있었다. 그래서 조선에 유리한 외교 정책을 펴려고 노력했다. 하지만 조·러 비밀협약 체결 소식은 청나라의 귀에 곧바로 들어가 버렸고, 청의 방해공작으로 없었던 일이 되고 말았다. 이러한 시기에 영국은 러시아의 남하를 저지한다는 명분으로 7백여 명의 해병을 보내 거문도를 무단으로 점령하고 포대를 설치했던 것이다.

영국의 거문도 점령은 조선의 자주권을 훼손하는 명백한 외교적 결례였다. 왜냐고? 영국은 조선 정부에 사전 통고를 하거나 양해를 구하지 않은 상태에서 거문도를 점거하고 한 달 정도 지난 뒤에야 조선의 외교를 담당하고 있던 외아문에 정식 문서로 점유 사실을 알려 왔다.

이 사실을 안 조선은 어떻게 대응했을까? 가만 있지는 않았을 것 같다고?

물론 '방방' 뛰며 난리를 쳤다. 하지만 영국을 누를 만한 힘이 없었기에 외세의 힘을 빌려 해결하기 위하여 미국·독일·

거문도에 건설된 영국군 막사

일본에 중재를 요청했다. 그리고 일본에 주둔해 있던 영국 해군과 직접 교섭하기 위해 관리를 묄렌도르프와 함께 일본으로 급히 보냈다.

영국 또한 조선이 거세게 항의해 오자 난처해졌다. 또한 거문도의 전략적 가치가 생각보다는 별로였고 진지를 쌓고 방어하는 데 들어가는 예산도 만만치 않았다. 여기에 아프가니스탄[20]에서 영국과 러시아 간 대립 구도가 어느 정도 해결되자, 영

20) **아프가니스탄** 인도, 서남아시아, 중앙아시아, 세 지역의 지리적 요충지에 위치한 나라. 19세기에 북진하는 영국과 남진하는 러시아 간에 세력 갈등이 심했던 지역이다.

국은 청나라의 중재를 못 이긴 척 받아들이며 거문도에서 군대를 철수시켰다. 1887년 2월의 일이었다.

지금도 거문도에는 당시 영국군이 남긴 흔적들이 다수 남아 있으며, 영국군 주둔에 관한 이야기가 전설처럼 떠돌고 있다.

한편 이 무렵에 갑신정변, 거문도 사건 등으로 하루도 편할 날이 없던 조선을 차라리 중립국으로 만들자는 주장이 대두되기도 했다. 독일 부영사 부들러는 "조선 땅이 청·일 양국의 전쟁터가 되는 것을 막기 위해서는 조선이 중립국이 되어야 한다."라는 의견을 냈으며, 미국에 보빙사로 파견되어 유럽까지 견학하고 돌아온 유길준도 "서구 열강의 침략으로부터 조선의 안전을 보장받기 위해서는 조선이 중립국이 되는 수밖에 없다."라고 주장했다.

하지만 조선 정부는 톈진조약으로 이미 청·일 간의 대립이

해소되었는데 무슨 소리냐며 부들러의 주장을 무시해 버렸고, 유길준은 급진 개화파로 몰려 가택 연금[21] 상태였기에 중립화론은 허공 속에 울려 퍼진 메아리에 불과했다.

21) **연금** 외부와의 접촉을 제한·감시하고 외출을 허락하지 않음.

푸른 눈의 '목 대감' 묄렌도르프

독일인 묄렌도르프 P. G. von Möllendorf 는 청국이 3천 명의 군대를 보내 임오군란을 진압하던 1882년 12월 조선에 왔다. 묄렌도르프를 한자로 '穆麟德 목인덕'이라 했기에 사람들은 그를 '목 대감'으로 불렀다.

그를 조선 땅에 보낸 사람은 청나라의 실력자 리훙장 이홍장 으로 조선의 외교와 세관을 장악하기 위해 "몇 년 후에 다시 돌아오면 어떤 유럽인도 가져 본 적이 없는 높은 지위를 주겠다."라고 설득했다.

묄렌도르프는 "조선에 있는 동안 오직 조선을 위해 일하겠다."라는 마음가짐으로 임했다. 하지만 그는 청나라의 이익을 대변해야 할 처지였기에 조선이 청의 예속국이란 생각의 테두리 내에서만 조선의 입장을 대변해 주었다. 따라서 하루라도 빨리 청국의 손아귀에서 벗어나려 했던 개화당 사람들과는 사사건건 충돌했다.

그 대표적인 사건이 당오전 발행 문제였다. 임오군란 사후 처리 비용과 개화정책 추진에 따른 재정 수요에 대처하기 위해 묄렌도르프는 당오전 발행을 서둘렀다. 그러나 김옥균은 "당오전과 같은 악화 恶貨를 발행하면 재정파탄을 초래할 것이니, 일본으로부터 3백만 원의 차관을 얻는 것이 유리하다."라고 하면서 묄렌도르프의 재정운영 방안에 직격탄을 날렸다.

그래서 그런지 갑신정변 때 묄렌도르프는 민씨 정권의 편을 들었다. 갑신정변이 터진 날, 칼에 맞아 죽기 직전에 놓인 민영익을 구한 사람도 그였다.

갑신정변 이후 그의 조선 정부 내 위치는 상당했다. 당시 미국 공사가 "조선왕이나 조선정부처럼 행세한다."라고 비난했던 데서 그의 권력 크기를 짐작할 수 있다. 하지만 그는 1885년 7월에 조선을 떠날 수밖에 없었다. 청나라 견제용으로 러시아 세력을 끌어들여 조선의 숨통을 터 주려 했던 그의 비밀 방안이 발각된 이후, 고종은 그를 희생양 삼아 청국의 추궁을 모면했던 것이다.

묄렌도르프 임오군란 이후 청나라의 추천으로 한국 최초의 서양인 고문이 된 독일인이다. 고종은 묄렌도르프가 백성들에게 서양 사람처럼 보이지 않도록 조선 의복을 입게 했다.

조선의 양곡을 단 한 톨도 일본에 보낼 수 없다

1876년 개항이 된 이후 외국 상인들은 값싼 공산품을 들여와 소비자들을 유혹했고 조선의 상공업과 농촌 경제는 조금씩 피폐해졌다. 특히 임오군란과 갑신정변을 거치며 조선의 정치적 주도권이 청나라에 완전히 넘어가게 되자, 일본은 경제 침탈에 열을 올리며 조선의 경제를 거의 초토화시키고 있었다.

일본이 조선 경제를 망가뜨렸다는 증거가 있느냐고? 물론 있다.

일본 상인들은 강화도 조약 직후에 맺어진 조 · 일통상장정으로 수출입 상품에 대한 세금을 한 푼도 물지 않았으며 양곡 또한 무제한으로 가져갈 수 있는 권리를 인정받았다. 조 · 일수호조규부록을 체결한 후로는 자기 나라 돈을 조선의 개항장에서 마음대로 사용할 수도 있었다.

이러한 특혜를 받은 일본 상인들은 영국산 면제품인 옥양목을 상하이나 홍콩 등지에서 값싸게 대량으로 사들여 와 우리나라 개항장에서 비싼 가격으로 팔고 대신에 쌀과 콩, 쇠가죽, 금 등을 자기 나라로 가져갔다.

옥양목은 '옥처럼 흰 서양 옷감'이란 뜻으로 영국산 면 옷감이 우리나라 농촌에서 가내 수공업으로 생산하던 면포에 비해 훨씬 하얘서 이런 이름이 붙었다.

일본 상인들은 개항장의 해안가에서부터 사방 10리 이내에서만 상행위를 할 수 있었다. 10리는 4킬로미터로, 이 안에서

만 행해지는 무역을 '거류지 무역'이라 한다.

이러한 방식의 무역에서는 우리나라 상인들도 돈을 벌 수 있었다. 왜냐고? 자본력이 있는 우리 상인들이 개항장에서 일본 상인들에게 옥양목을 비롯한 서양 물건을 대량으로 사들여 이를 중소 상인들에게 되팔며 돈을 벌었고, 이를 산 중소 상인들은 전국 방방곡곡을 돌아다니며 물건을 팔아 이득을 남겼기 때문이다. 따라서 개항 초기에는 농촌 경제에 약간의 피해가 있었지만, 상인들은 손해보다 이익을 많이 남겼다.

하지만 문제는 청나라와 1882년에 맺은 조·청상민수륙무역장정 이후였다. 이 조약의 체결로 청나라 상인들은 내륙에서도 상업 활동을 할 수 있는 권리를 획득했다. 거류지 무역을 하던 일본 상인들은 본국 정부를 통하여 자기들에게도 내륙 무역권을 내주라며 조선 정부를 압박했다. 그러자 우리 정부는 1883년에 조·일통상장정을 개정하여 최혜국대우 조항을 삽입, 청나라 상인들에게 주었던 내륙에서의 상행위 특혜를 일본 상인들에게도 허용했다.

이런 과정을 거치며 조선의 상품 시장은 일본 상인과 청나라 상인의 경쟁터로 전락했고, 우리 상인들이 큰 피해를 입었다. 또 가내 수공업으로 면포 등을 소규모 생산했던 농촌 수공업 체제도 완전히 붕괴되고 말았다.

외국 상인들의 경제 침탈에 조선 상인들은 손을 놓고 가만히 있었을까? 결코 그렇지는 않았다.

서울의 경제 활동을 책임지고 있던 시전 상인들은 동시에 상점 문을 닫아걸고 항의하면서 외국 상인들의 철수를 요구했다. 또한 동일한 업종에 종사하는 상인들이 자본을 모아 합자회사인 상회사를 설립하여 외국 상인들과 경쟁에 나서기도 했다.

한편 외국 상인들은 공산품을 가져와 팔고 조선 땅에서 쌀, 콩과 같은 농산물을 주로 사 갔는데, 일본 상인들의 심한 농간 속에 농촌 경제가 파탄 날 지경이었다.

일본은 메이지유신 이후 서구식 산업화 정책을 추진하면서 일본 내의 농업 인구가 도시의 노동자로 대거 유입되었다. 이로

인해 농업 인구가 현저하게 줄어들었고 부족한 농산물을 조선에서 수입한 것으로 메우려 했다.

1880년대 중반부터 10년 사이에 조선이 일본에 수출한 상품의 약 89퍼센트가 쌀과 콩을 비롯한 곡물이었다니, 얼마나 많은 양곡이 일본으로 넘어갔는지 잘 알 수 있다.

현실이 이러했으니, 조선의 식량 부족은 불을 보듯 뻔했다. 아니! 식량이 부족한데도 왜 멍청하게 곡물을 수출했냐고?

놀랄 일도 아니지만, 일본 상인들은 조선 사람들이야 굶어 죽든지 말든지 자기들의 이익만 챙겼다. 그들은 농촌 지역을 돌아다니며 입도선매나 고리대로 곡물을 사들여 본국으로 가져갔다. 입도선매는 수확 철이 되기 전에 싼 가격에 벼를 먼저 사 가는 행위를 말한다. 가난한 농민들은 춘궁기를 버틸 수 없었기에 가을철에 수확을 하여 시장에 내다팔면 돈이 더 되는 줄 알면서도 수확기 전에 일본 상인들에게 벼를 값싸게 팔아야 했다. 그리고는 가을철이 되면 또다시 비싼 고리대를 얻어 쓸 수밖에 없었다. 이런 거래 방법으로 일본 상인들이 폭리를 취하는 동안 조선의 농촌은 급속히 황폐해졌다.

1889년 황해도와 함경도에 극심한 흉년이 들었다. 조선에서는 흉년으로 지역민이 굶어죽을 가능성이 있다고 판단되면, 지방관이 관할 지역의 식량이 외부로 빠져나가는 것을 막는 명령을 내릴 수 있었다. 이 법령을 방곡령이라 하는데, 지금의 도지사 격인 함경도 관찰사로 있던 조병식이 관할 지역에 극심한 재해가 들자 방곡령을 선포하였다. 이 조처로 함경도 지역에서 콩을 대량으로 사들여 개항장인 원산항을 통해 내가려던 일본 상인들의 계획은 차질을 빚었다.

방곡령은 잘 실시되었을까?

그건 아니다. 함경도에 방곡령이 내려졌다는 소식을 들은 일본 정부는 조선 정부에 방곡령 선포가 조·일통상장정 위배라며 항의해 왔다. 1876년에 맺은 통상장정은 양곡의 무제한 유출을 허용한다고 규정하고 있었고, 1883년에 조약 내용을 변경하면서 "단, 방곡령을 선포하려면 1개월 전에 일본에 알려

야 한다."라는 추가 규정이 만들어져 있었다. 조병식은 이 조항을 알고 있어서 중앙 정부에 사전 보고하여 일본 정부에 통보할 것을 요청했다. 그런데 담당 관리의 실수로 일본으로의 통보가 늦어 버렸다. 이것을 빌미 삼아 일본 정부는 방곡령 실시가 조약 위반이라며 방곡령 해제와 함께 조병식의 파면 및 피해 배상을 요구해 왔다. 이때 일본이 요구한 배상액은 14만 7,600원이었다. 이 속에는 일본 상인들이 손해 본 것의 이자까지 합산되었을 뿐만 아니라, 방곡령을 해제하기 위해 일본 정부가 조선 정부와 접촉을 하면서 들어간 교통비와 통신비까지 포함되어 있었다.

일본의 이러한 터무니없는 요구에 조선 정부는 어떻게 조처했을까?

우리 맘 같아서는 "절대 안 돼!" 하고 단호히 거절했으면 좋았으련만, 힘이 없던 조선 정부는 일본의 강압적 요구에 굴복하고 말았다. 조병식을 함경도 관찰사에서 해임하고 방곡령을 해제하였으며, 11만 원의 배상금까지 지불해 주었다.

조선 사람, 특히 농민들 사이에서 일본에 대한 적개심과 무능한 조선 정부에 대한 분노는 폭발 일보 직전이었다. 이러한 현실에서 1894년에 전라도 지방을 중심으로 들불처럼 번져 나간 농민 봉기가 동학농민운동이다.

동학을 중심으로 봉기한 조선 농민들

동학을 합법화해 달라

1890년대 들어 동학은 최제우의 뒤를 이은 2대 교주 최시형이 조직을 이끌면서 경상도, 전라도, 충청도 지방을 중심으로 빠르게 퍼져 나갔다.

조선 정부는 동학의 교세 확장에도 불구하고 이 종교를 인정할 생각이 없었다. 이에 동학교도들은 서로 힘을 합쳐 조선 정부에 동학을 합법화해 달라는 청원을 올리기 시작했다. 이 운동을 '교조신원운동'이라고 한다.

　　교조신원은 '동학의 교조 최제우가 억울하게 죽었으니, 그 원한을 풀어 달라.'는 뜻으로 민심을 현혹시킨다는 죄로 사형당한 최제우의 죄를 사면하는 것은 곧 동학의 합법화를 의미했다. 이 운동은 1892년 10월 충청도 공주에서 시작되었다. 11월에는 전라도 삼례에서 수천 명의 동학교도들이 참석하여 교조 최제우의 신원과 동학교도에 대한 탄압 중지를 요구했다. 1893년에 들어서는 손병희를 비롯한 동학 지도부 40여 명이 서울로 올라가서 임금이 살고 있는 궁궐의 정문인 광화문 앞에서 사흘 동안 농성을 벌였다.

동학의 창시자 최제우

　　이러한 상소 운동에 조선 정부는 어떻게 대응했을까?

　　정부는 동학도들의 요구를 못 들은 척했다. 그러자 동학 지도부들은 대규모

시위를 통해 위세를 보여 주기로 결정했다. 1893년 3월에 2대 교주 최시형이 거주하면서 포교활동의 중심지가 된 충청도 보은 땅으로 각지의 동학교도들이 집결했다.

보은 집회에는 동학교도뿐만 아니라 조선 정부의 무능과 외세의 침탈에 불만이 많던 일반 백성들까지 가세하여 무려 2만여 명이 모였다. 이들은 교조 신원과 함께 부패 관리 척결, 조선 민중을 수탈하는 일본과 서양 세력 배척을 소리 높여 외쳤다.

조선 정부는 여전히 소극적으로 대처했다. 정부 관리들은 보은 집회를 연 동학 지도부를 회유 반 위협 반으로 구슬려 시위대를 해산시켰다. 그렇다고 동학교도들에게 보은 집회 해산이 실망만 가져다준 것은 아니었다. 운동을 진행하는 과정에서 '우리도 뭉치면 정부를 상대할 만큼 큰 힘이 될 수 있다.'는 생각을 하는 사람들이 생겨났고, 이러한 자각 속에서 동학농민운동의 싹이 트기 시작했다.

못 살겠다, 갈아 보자

동학농민운동은 1894년에 일어났다. 이 운동은 학교 운동회에서 하는 그런 운동이 아니었다. 조선의 농민들이 똘똘 뭉쳐서 부패한 조선 정부와 외세의 상징인 일본을 상대로 치열하게 싸웠던 전쟁이었다. 따라서 동학농민운동은 온건하게 표현하여 운동이지, 사실은 갑오농민전쟁이라고 말하는 것이 더 적확한 표현이다. 1894년이 갑오년이었고 이해에 농민들이 대대적인 시위운동을 전개했기 때문이다.

동학농민운동의 시작은 전라북도 고부(현재의 정읍시 고부면) 땅에서 일어난 농민 봉기였다. 당시 고부 지역은 호남 제일의 쌀 생산지이며 농산물 집결지였다. 뿐만 아니라 서해안을 끼고 있어 해산물 또한 풍성한 곳이었다. 이러한 지역에 군수로 온 조병갑은 매우 욕심이 많은 관리였다. 날이면 날마다 농민들을 괴롭히며 자기 배를 채우는 데 급급했다.

조병갑이 얼마나 나쁜 짓을 많이 했느냐고?

하나하나 나열하기도 벅찰 지경이다. 태인 군수를 지낸 자기 아버지 공적비를 세운다면서 농민들에게 거액의 돈을 거둬들였고, 황무지를 개간하여 농사를 지으면 세금을 면제해 주겠다고 약속해 놓고는 수확 철인 가을에는 언제 그랬냐는 듯이 세금을 거두어들였다. 끼니를 굶지 않고 그런대로 살고 있는 농민에게는 불효자식이라거나, 남의 처녀를 넘봤다거나, 불법 도박을 했다는 식의 죄명을 씌워서 재물을 빼앗았다.

그러나 고부 군민들이 봉기까지 나선 결정적인 이유는 다른 데 있었다. 새 만석보 설치였다. 보는 농사에 필요한 물을 가두기 위해 강이나 냇가를 가로질러 쌓은 둑을 말한다. 고부 들판은 동진강과 정읍천의 물로 농사를 지었는데, 농민들은 아주 오래전부터 이 강에 보를 만들어 이용하고 있었다. 그런데 조병갑은 보가 오래되었다면서 농민들을 동원하여 기존에 있던 만석보 아래에 새 보를 쌓았다. 그러고는 농사를 지으려면 물세를 내라고 농민들을 협박했다.

고부 사람들은 비싼 물세를 내는 것이 너무나 억울했다. 그래서 고부 관아에 만석보 사용요금 감면을 요구하는 진정서를 제출하기로 하고 서당에서 아이들을 가르치고 있던 동학의 고부 지역 접주 전봉준에게 글을 써 줄 것을 부탁했다. 동학은 교단 조직을 포접제로 운영했다. 기독교의 목사와 같은 각 지역의 동학 교단 책임자를 접주라 했다.

전봉준은 당시 나이 40세였다. 그는 고부 관아에 진정서를 올렸으나 해결책이 제시되지 않자, 다시 전라도 관찰사에게 글을 올렸다. 그러나 농민들이 올린 진정서는 아무 소용이 없었다. 오히려 진정서를 올린 주동자들만 관아에 잡혀가서 고초를 겪었다. 이에 전봉준은 평화적인 방법으로 탐욕스럽고 포학한 조병갑을 상대하는 것은 불가능하다고 판단하여 무력으로 자신들의 뜻을 관철할 계획을 세웠다.

1893년 11월부터 전봉준은 봉기를 함께할 사람을 모으기 위해 사발통문[22]을 돌렸다. 하지만 이 계획은 조병갑이 익산 군수로 발령이 나면서 없었던 일이 되고 말았다. 조병갑만 떠나면 구태여 봉기까지 일으킬 필요는 없을 것 같았다. 그런데 조병갑이 고부 군수로 다시 눌러 앉았다.

"세상에나, 어찌 이런 일이!"라고 말할 필요는 없다. 고부가 부자 농촌이어서 익산보다는 빼먹을 것이 많다고 생각한 조병갑이 중앙 정부에 뇌물을 써서 자리를 옮기지 않은 것이었다.

조병갑이 고부에 남는다는 소식을 들은 농민들은 더 이상

22) 사발통문 호소문이나 격문을 쓸 때 누가 주모자인지를 알지 못하도록 서명에 참여한 사람들의 이름을 사발 모양으로 둥글게 삥 돌려 적은 통지 문서.

참을 수가 없었다. 1894년 1월 10일 새벽, 전봉준은 1천여 명의 농민들을 이끌고 고부 관아를 습격했다. 먼저 무기고를 열어 무장한 후에 농민들을 괴롭힌 아전들을 끌어내어 처벌하였고, 세금 장부를 불사르고 감옥 문을 열어 죄 없이 갇혀 있던 사람들을 풀어 주었다. 또한 곡식 창고를 열어 그동안 부당하게 거두어들인 양곡들을 농민들에게 되돌려 주었으며, 원성의 대상이던 새 보를 허물어 버렸다.

고부에서 민란이 발생했다는 소식을 들은 조선 정부는 조병갑을 불러올리고 용안 현감 박원명을 고부 군수로 임명한 후에 장흥 부사 이용태로 하여금 사건을 조사하게 했다. 이때 전봉준을 비롯한 농민군은 고부 평야가 훤히 내려다보이는 백산에 진을 치고 사태의 흐름을 면밀히 살피고 있었는데, 새 고부 군수인 박원명이 큰 잔치를 열어 농민들을 위로하면서 사태를 수습하려 하자 그를 믿고 봉기군을 해산했다.

하지만 이용태가 문제였다. 사건 조사 담당관인 안핵사로 고부에 파견되어 온 이용태는 군인 8백여 명을 데리고 와서 농민들의 뜻과는 다르게 일방적으로 조병갑 편만 들어주었다. 게다가 사건의 중심에 동학도들이 있다면서 대대적인 동학교도 색출 작업을 벌였다.

사태가 이에 이르자 전봉준은 주변 지역의 접주들에게 대규모 봉기를 알리는 사발통문을 돌렸다. 정읍 접주 손화중, 태인 접주 김개남이 의기투합하여 함께 고부 관아를 점령해 버렸다. 그리고는 1894년 3월 25일 백산에서 4대 행동 강령과 격문을 발표하여 본격적인 대정부 투쟁에 들어갔다.

동학농민군의 4대 행동 강령

○ 사람을 죽이거나 해치지 않는다.
○ 충효를 다하여 세상을 구하고 백성을 편안하게 한다.
○ 일본 오랑캐들을 조선 땅에서 몰아낸다.
○ 서울까지 진격하여 부정부패한 관리들을 몰아낸다.

이때 전봉준이 발표한 격문의 내용은 다음과 같다.

"우리가 의를 들어 여기에 이름은 그 본의가 결코 다른 데 있지 아니하다. 백성들을 고통에서 구하고 국가를 탄탄하게 하기 위해서이다. 안으로는 부패한 관리의 머리를 베고 밖으로는 횡포한 외세의 무리를 쫓아내고자 함이다. 양반과 부호 앞에서 고통을 받는 민중과 지방 장관인 관찰사나 군수, 현령 밑에서 굴욕을 당하는 하급 관리들은 우리와 같이 원한이 깊은 사람들이다. 조금도 주저하지 말고 이 시각으로 일어서라. 만일 기회를 잃으면 후회해도 돌이키지 못하리라."

이 격문만 보더라도 동학농민운동이 안으로는 탐관오리와 부호들을 처단하려 한 반봉건 운동이자, 밖으로는 횡포한 외국 세력을 퇴출하기 위한 반외세 운동이었음을 알 수 있다.

제1차 동학농민운동

백산에 모인 8천여 명의 농민군은 창의대장[의병대장]으로 전봉준을 뽑고 부대장 격인 총관령으로 손화중과 김개남을 선출하여 조선 정부를 상대로 본격적인 싸움을 시작했다. 농민군은 태인과 부안 지역을 세력권에 넣은 후에 전라도의 중심 도시 전주를 점령하려 했다. 하지만 전라도 관찰사가 군대를 데리고 싸우러 온다는 정보를 입수하고는 고부로 다시 후퇴하여 황토현[23]에서 관군을 기다렸다가 기습 공격을 하여 승리를 거두었다.

23) **황토현** 전라북도 정읍시 덕천면 하학리에 있는 야트막한 고개.

다급해진 조선 정부는 도성 방위를 담당하는 장위영의 사령관 홍계훈에게 정예병 8백 명을 주어 난을 진압하도록 했다. 이때 동학농민군은 전라도 남부 지역을 돌며 기세를 떨치고 있었는데, 장성의 황룡촌에서 홍계훈의 정부군과 맞닥뜨렸다. 이 전투에서 동학농민군은 장태[24]를 활용한 작전으로 관군의 코를 납작하게 했으며, 전주까지 단숨에 점령해 버렸다.

24) **장태** 닭을 키우는 우리의 일종. 동학군은 관군의 총탄을 막기 위해 대나무를 길게 쪼개 횡으로 엮어 만든 장태를 굴리며 전투에 임했다.

농민군의 전주성 점령은 서울에 있던 고종과 민씨 정권에 큰 충격을 주었다. 조선이 탄생한 이래 크고 작은 민란이 여러 번 있었지만, 동학농민군처럼 강대했던 세력은 한 번도 없었다. 민씨 정권은 혼비백산하여 청나라에 도움을 요청했다.

자기 나라 국민 하나 제대로 관리하지 못해 걸핏하면 외세에 손을 내밀었으니, 민씨 정권도 참으로 한심했다. 아무튼 청나라에 군대 파견을 요청하자 청나라 정부는 보란 듯이 서둘러서 군대를 보내왔다. 그런데 이것이 청나라에도 조선에도 해결하기 힘든 문제를 일으켰다.

갑신정변 이후인 1885년에 청은 일본과 텐진 조약을 체결했는데, 이 조약의 주요 내용이 "양국은 향후 조선에 군대를 파병할 시 사전에 상대 국가에 통보한다."였다.

청나라의 조선 출병은 분명 조약 위반이었다. 청군이 아산만으로 5월 5일에 2천여 명의 군대를 파병하자, 일본군 또한 5월 6일에 인천항에 들어왔다. 청·일 양국 군대의 동시 입국은 조선 정부가 미처 생각하지 못한 난감한 일이었다. 상황이 이처럼 이상하게 돌아가자, 조선 정부는 양국 군대를 일단 되돌려 보내는 것이 동학농민군을 진압하는 것보다 우선이라고 생각했다. 한편 동학농민군의 입장에서도 외국군의 조선 땅 주둔은 결코 바라던 바가 아니었다.

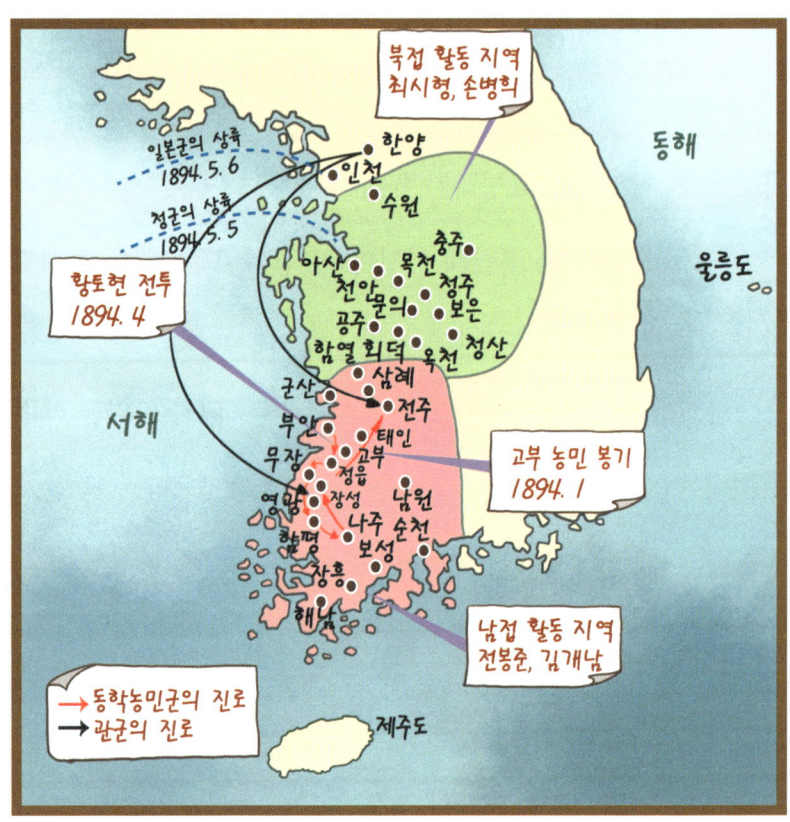

제1차 동학농민운동의 전개 과정

    정부 대표와 동학군 대표는 이 문제를 해결하기 위해 전주에서 만났다. 그 결과 농민군이 요구했던 '폐정 개혁안 12개 조의 시행과 농민군의 신변 안전을 보장'하는 내용을 담은 전주 화약(和約)이 체결되었다. 이후 농민군은 더 이상의 진격을 멈추고 자신들이 장악하고 있던 전라도 각 지역에 자치 조직인 집강소를 설치하여 악덕 지주들을 처단하고 나쁜 제도를 개혁하는 폐정 개혁에 나섰다. 이로써 동학농민운동의 제1차 봉기는 50여 일 만에 막을 내렸다.

예상치 못한 결과

전주 화약으로 조선 정부와 동학농민군의 갈등은 일단 해결되었다. 이제 청군과 일본군은 조선 땅에 있을 필요가 없었다. 특히 조선이 요청하지 않았는데도 "조선 내부의 혼란 때문에 자국민들이 피해를 당할지 모른다."는 옹색한 이유를 대며 군대를 파병했던 일본은 마땅히 물러가야 했다.

그러나 일본이 어떤 나라인가? 그들은 애초부터 조선의 침탈을 염두에 두고 군대를 파병했기에 조선의 정세 변동이 어떠하든지 병력을 철수시킬 의사가 전혀 없었다.

오히려 "조선의 내정 개혁이 단행되지 않고서는 동학농민운동과 같은 봉기는 언제든지 일어날 가능성이 있고, 만약 다시 일어난다면 이는 동아시아 전체의 평화에 악영향을 미칠 수 있다."라고 억지 주장을 펼치며 조선 땅에 눌러 앉으려 했다.

조선 정부 또한 할 말은 있었다. 당시에 조선은 교정청이라는 임시 기구를 설치하여 내정 개혁을 서두르고 있었다. 그래서 일본에 "우리들이 자체적으로 내정 개혁을 하려 하니, 군대를 철수해 달라." 하고 재차 강력히 요구했다. 청나라 또한 일본의 검은 심보를 훤히 꿰뚫고 있었기에 함께 조선의 내정 개혁에 참여하자는 일본의 제안을 거부하며, 양국 군대가 조선에서 동시에 철수하자고 말했다.

궁색한 처지에 몰린 일본이 드디어 자신들의 검은 속셈을 드러냈다. 7월 23일 1개 연대 규모의 군인들로 고종과 중전 민씨가 살고 있는 경복궁을 급습하여 궁궐 수비대를 무장해제시킨 다음, 공포 분위기를 조성하며 고종을 윽박질러 자기들 방식의 개혁 추진을 강요했다. 또한 7월 25일에는 충청도 풍도 앞바다에 있던 청나라 북양함대[25] 소속 군함을 기습 공격하여 청·일 전쟁을 일으켰다.

25) 북양함대 청나라 해군의 주력함대.

그러면서도 일본은 조선의 내정 개혁이 강제적인 것이 아닌 조선 스스로가 의지를 가지고 추진하는 것처럼 보이기를 원했다. 그래서 낸 꾀가 흥선대원군을 개혁의 '얼굴 마담'으로 내세우는 것이었다.

흥선군은 강력한 통상수교 거부론자였으나, 며느리인 중전 민씨에게 밀려 권좌에서 물러난 이후 민 왕후와는 원수지간이 되어 있었다. 이런 조선 왕실의 사정을 훤하게 꿰뚫고 있던 일본은 흥선대원군을 개혁의 전면에 내세웠다.

대원군의 입장에서 보면, 임오군란으로 정권을 잡은 것도 잠시, 청나라의 개입으로 청국에 끌려가 억류 생활을 끝내고 돌아온 지 9년 만에 생애에서 세 번째이자 마지막으로 정권을 잡은 것이었다. 이렇게 해서 추진된 개혁이 제1차 갑오개혁이다. 하지만 흥선대원군은 그야말로 얼굴마담이었고, 실제 개혁은 개혁 전담 기구로 편성된 군국기무처가 주도하였다.

다시 일어서는 동학농민군

외세의 침탈을 막기 위해 전주 화약을 맺고 자진 해산했던 농민군은 일본의 내정간섭이 심해지고 청·일 전쟁에서 일본군이 우위에 서자 위기의식을 느꼈다.

동학농민군이 다시 일어섰다. 이번에는 동학의 최고 지도자 최시형까지 적극적으로 참여하여 전라도와 충청도를 중심으로 20만여 명이 일본과 싸울 준비를 했다.

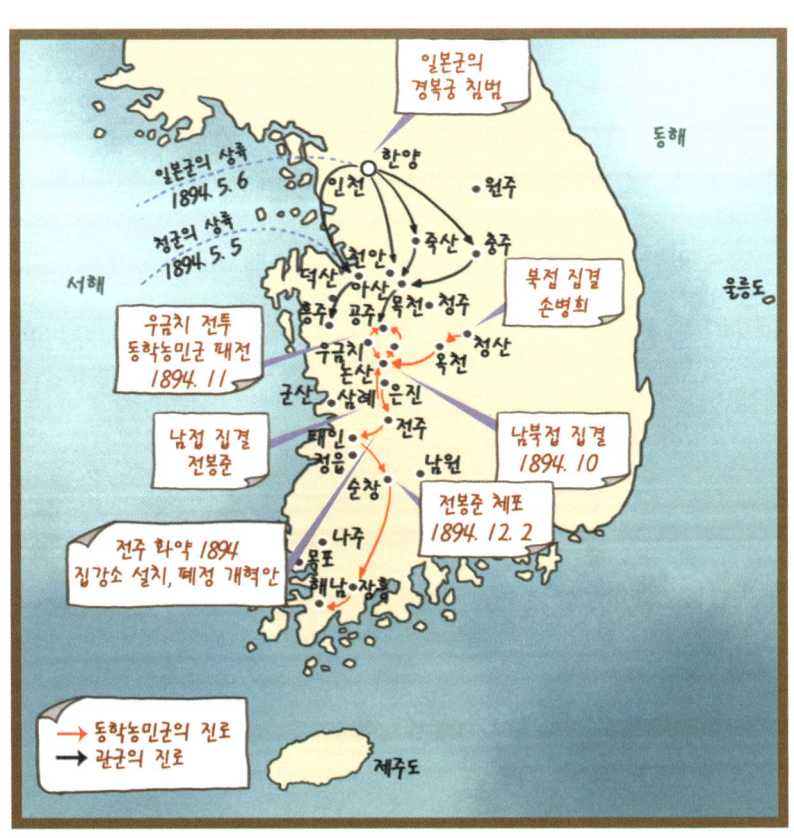

제2차 동학농민운동의 전개 과정

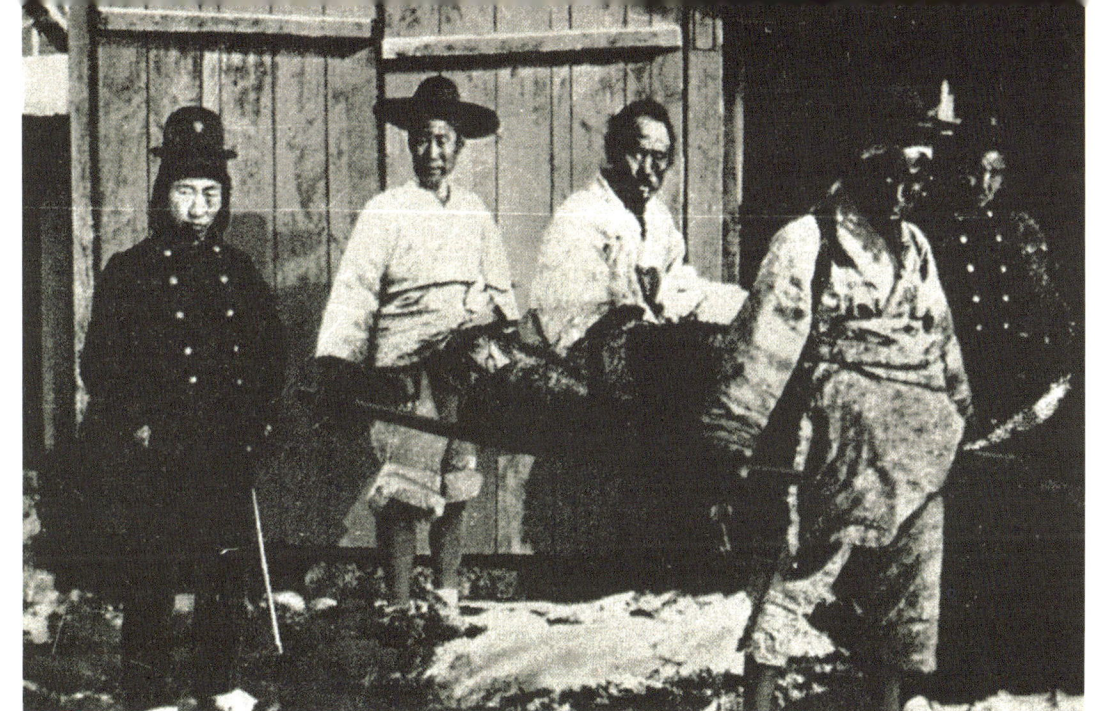

끌려가는 전봉준 우금치 전투 실패 이후 순창에 피신해 있다가 관군에게 붙잡혀 가는 모습이다.

농민군의 재봉기 이유는 일본과 친일 정부를 그대로 놔둬서는 안 된다는 것이었다. 전봉준이 이끈 농민군 주력부대 4천여 명은 공주 우금치를 넘어 서울로 진격하려 했다.

우금치 전투는 농민군의 운명을 건 일전이었다. 그러나 2,500명의 관군과 200여 명의 일본군이 우금치 정상에 진을 치고 우세한 화력을 앞세워 고개를 넘으려는 농민군을 무차별적으로 공격해 왔다. 이 전투에서 농민군은 크나큰 손실을 입고 뿔뿔이 흩어질 수밖에 없었다.

이로써 1894년 1월 초에 들불처럼 일어나 전라도 전역을 장악하면서 민중 세상을 꿈꾸었던 농민운동은 1년여 만에 그 불길이 사그라졌고, 농민군을 이끌었던 지도자들인 전봉준, 김개남, 손화중 등은 관군의 손에 붙잡혀서 형장의 이슬로 사라졌다. 우리 역사상 유래가 없었던 '아래로부터의 혁명'인 동학농민운동이 역사 속으로 저물고 말았던 것이다.

조선 땅에서 벌어진
청·일 전쟁

청나라와 일본 사람들이 우리 땅에서 전쟁을 했다고?

"이런 황당한 일이!" 하며 어처구니없어할 수도 있지만, 정말 그랬다. 1894년 6월 23일 오전 7시쯤에 아산만에 있는 섬인 풍도 주변에서 청나라 북양함대 소속의 군함 2척을 일본 함대가 기습적으로 공격하면서 청나라와 일본의 전쟁이 시작되었다.

북양함대가 뭐냐고? 1871년에 창설된 중국의 근대화된 해

군함대로 청·일 전쟁이 일어나기 전까지 동아시아에서 가장 강력한 무적함대였다. 왜 북양함대라 했느냐고? 북양대신 리훙장의 지원으로 만들어졌기 때문이다. 그런데 일본은 이 함대를 기습 공격으로 박살내며 무려 7백여 명의 청나라 군인들을 바다 귀신으로 만들어 버렸다. 한편 성환[26]에서는 청나라 육군이 일본 육군에게 기습을 받아 5백여 명이 죽거나 다쳤다.

청나라 군대를 지휘하고 있던 북양대신 리훙장은 베이징에서 다급하게 지시를 내려 평양성에 진을 치고 일본군과 결전을 벌이라고 했다. 하지만 평양 전투도 일본의 승리로 끝나고 말았다. 일본군은 청나라 군대의 1.4배에 해당하는 1만 7천여 명으로 9월 15일 새벽에 평양성을 공격하기 시작하여 3일 만에 성을 함락시켜 버렸다. 이때 청나라 군사들이 얼마나 많이 죽었던지 의주로 가는 길에는 군인들의 시체가 산더미처럼 쌓여 있었으며, 피비린내가 사방에 진동했다고 한다. 의주는 압록강 하류에 있는 국경 도시로 중국으로 건너가는 길목에 자리 잡고 있다.

[26] **성환** 충청남도 천안시 외곽 지역. 이곳에 주둔한 청군을 일본군이 공격하면서 육지 전투가 시작되었다.

그런데 왜 하필 청·일 전쟁이 조선 땅에서 벌어졌을까?

그 배경에는 동학농민운동이 있다. 농민군 진압에 실패했던 조선 정부는 청군을 끌어들여 사태를 해결하려 했고, 청군이 들어오자 일본이 톈진 조약 위반을 이유로 군대를 조선 땅에 파견했다. 한 장소에 앙숙인 두 나라 군대가 동시에 주둔했으니 충돌은 당연한 일이었다.

전쟁의 결과는 어찌 되었을까?

청나라는 여러 번의 전투에서 번번이 참패했다. 이때, 미국이 중재에 나서서 1895년 4월 17일에 양국 대표는 일본의 시모

청·일 전쟁의 와중에서 폐허가 된 평양 부근 농가 모습
청·일의 힘겨루기에 죽어난 것은 조선 사람들이었다.

노세키에서 전쟁을 끝낸다는 조약에 합의했다. 시모노세키 조약의 내용을 잠시 살펴보면 다음과 같다.

조약의 1조는 "청국은 조선국이 완전한 자주 독립국임을 인정한다."이다. 청나라의 조선 종주권을 완전히 부인하여 일본이 자기들 맘대로 조선을 요리하기 위해 넣은 조항이었다. 여기에 청나라는 막대한 전쟁 배상금을 일본에게 물어 줘야 했으며, 랴오둥반도(요동반도)와 대만까지 일본에 넘겨야 했다. 일본이 이때 받아 낸 배상금은 당시 일본 국가재정의 4년치 이상에 해당하는 막대한 금액으로, 이 돈으로 일본은 근대화에 한층 박차를 가할 수 있었다.

그렇다면 청·일 전쟁의 와중에서 조선은 어떤 피해를 입었을까?

전쟁 중에 죽은 양국 병사들의 시신이 조선 땅 곳곳에서 대책 없이 썩는 통에 콜레라가 유행하여 1895년 평안도에서만 6만여 명이, 전국적으로 30여 만 명이 콜레라에 걸려 신음하다가 죽었다. 여기에 청·일 양군이 조선 땅에서 군수물자를 징발해 감으로써 물가가 폭등하고, 약탈과 방화, 강간, 학살이 일상다반사로 일어났다.

고래 싸움에 새우 등 터진다고, 조선 정부의 미숙한 상황 판단으로 발발한 청·일 전쟁은 조선의 힘없는 백성들에게 큰 고통을 가져다주었다.

역사 그루터기

풍도와 조어도

인천항에서 난지도행 정기여객선을 타고 남쪽으로 2시간 반 정도 내려가면 조그만 섬 풍도가 있다. 지금은 야생화 군락지와 낚시터로 유명하지만 청·일 전쟁의 시발점인 풍도 해전이 벌어졌던 역사의 현장이다. 1894년 7월 25일 아침 나니와호 등 일본 순양함 3척이 풍도 앞바다를 지나 조선으로 향하던 청국 군함과 영국 상선을 선전포고도 없이 격파했다. 일본은 이 풍도 해전 승리를 계기로 동북아 패권을 장악하고 조선 병탄[27]을 본격화한다.

청·일 전쟁에서 승승장구하던 일본은 1895년 1월 대만 등과 함께 조어도[釣魚島(다오위다오), 일본명 센카쿠열도]를 점령해 일본령에 편입했다. 제2차 세계대전에서 패배한 일본은 중국에 대만을 반환했지만, 조어도는 아직까지 분쟁 지역으로 남아 있다. 일

27) **병탄** 남의 재물이나 다른 나라의 영토를 한데 아울러서 제 것으로 만듦.

본은 2010년 9월 초 조어도 인근 해역에서 일본 순시선과 충돌한 중국 어선을 나포[28]하고 선장을 영해침공 혐의로 구속했다. 자신들이 주장하고 있는 센카쿠열도에 대한 영토권을 확실하게 행사한 것이다.

그러나 미국의 지원에도 불구하고 중국의 강력한 항의와 압박에 굴복해 9월 24일 중국인 선장을 석방했다. 중국에서는 풀려난 선장을 '영웅선장'이라고 한껏 치켜세우며 일본 쪽에 사과와

28) **나포** 사람이나 배, 비행기 등을 사로잡음.

풍도와 조어도

역사 그루터기

배상을 요구했다. 풍도 앞바다에서 일본에 격침됐던 중국이 100여 년 만에 부활해 '조어도 전장'에서 사실상 일본의 항복을 요구한 셈이다. 청·일 전쟁 패배로 동북아 패권을 빼앗기고 일본에 2억 냥의 배상금을 물어야 했던 과거의 중국이 아니다.

중국과 일본 등 한반도 주변 열강이 패권 확장을 위해 한 치의 양보도 없이 팽팽한 줄다리기를 하고 있는 상황에서 우리는 무엇을 하고 있는가. 일본이 풍도 해전을 교과서에 수록해 '승리의 역사'로 기억하고 있는 사이, 우리는 역사 현장인 풍도를 꽃 사진을 찍고 낚시나 즐기는 섬 정도로 알고 있었으니 더 말해 무엇 하랴.

〈정석구, 「한겨레신문」, 2010년 9월 26일자〉

역사의 소용돌이 속에서 추진된 개혁

누구를 위한 개혁인가

갑오개혁은 1894년부터 1895년 사이에 3번에 걸쳐 추진된 근대 지향적인 개혁 운동을 말한다. 하지만 이 개혁의 시작은 자발적인 것이 아니었다.

동학농민운동을 빌미 삼아 조선에 군대를 파병한 일본은 그냥 돌아가 달라는 조선 정부의 요청을 끝까지 무시했다. 이

과정에서 조선을 쥐락펴락하기 위해 반강제적으로 추진한 개혁이 '갑오개혁'이다.

일본은 자기들의 협박에 고종이 꼬리를 내려 개혁에 동의해 주자, 김홍집을 비롯한 일부 온건 개화파 출신을 앞세워 개혁을 밀고 나갔다. 그런데 웃기는 것은 일본이 이 일에 정당성을 부여하기 위해 흥선대원군을 내세웠다는 것이다.

흥선대원군이 개혁 추진의 선봉장에 섰다는 것이 아이러니하지만, 분명한 사실이다. 하지만 대원군은 일본이 제시한 독사과를 삼켰을 뿐, 그에게 실권은 하나도 없었다.

제1차 갑오개혁은 김홍집이 주도하여 군국기무처를 중심으로 추진되었다. 개혁을 부추겼던 일본은 청·일 전쟁을 치르느라 정작 개혁 드라이브를 걸 때는 한 발 물러나 뒷짐만 지고 있었다. 따라서 제1차 갑오개혁은 김홍집 내각이 설치한 군국기무처가 반자주적으로 추진하였다.

자주적이면 자주적이지, 반자주적인 것은 또 뭐냐고? 비록 일본이 한 발 뺀 상태에서 추진되었지만, 당시 일본 공사로 있던 오토리가 군국기무처 고문으로 참여하고 있었기에 일본의 입김을 완전히 배제할 수는 없었다. 그러나 내각의 핵심 인물인 김홍집이 군국기무처 회의를 이끌었으며, 고종 임금의 결재를 얻어 개혁을 추진했기에 제1차 갑오개혁은 많은 부분에서 조선 정부의 입장이 반영된 자주적 개혁이라고 말할 수 있다.

제1차 갑오개혁의 두 얼굴

군국기무처는 회의를 거쳐 여러 가지 개혁을 추진했다.

왕실과 정부의 업무를 분리하기 위해 궁내부를 신설하여 왕실 업무를 전담하게 했고 일반 행정은 의정부에서 하게 했다. 여기에 서양의 정부 기구들을 참조하여 6조[29] 체제를 8아문[30] 체제로 개편하였다.

한편 조선은 개국 이래 계속 사용해 오던 중국의 연호에서 벗어나 개국 연호를 사용하기 시작했다. 개국 연호가 뭐냐고? 조선을 건국한 1392년을 원년으로 하여 연도를 정한 것이다.

29) **6조** 이조, 호조, 예조, 병조, 형조, 공조.

30) **8아문** 내무아문, 외무아문, 탁지아문, 군무아문, 법무아문, 학무아문, 공무아문, 농상무아문.

이렇게 하면 갑오개혁을 추진했던 1894년은 개국 연호로 '개국 503년'이 된다. 또한 과거제를 폐지하여 새로운 관리 임용 기준을 마련하였으며, 지방 행정 제도도 개편하였다.

경제적으로는 국가 재정을 탁지아문으로 일원화하였고, 은을 기준으로 하는 화폐 제도를 실시하여 상품 유통 경제를 활성화하려 했다. 도량형 통일과 모든 세금을 돈으로 내게 하는 조세의 금납화를 실시한 것도 제1차 갑오개혁 때였다.

사회 면에서는 노비제 폐지를 실천에 옮겨 평등 사회를 구현하였으며, 과부의 재가 허용, 고문 폐지, 연좌제[31] 폐지, 조혼 금지 등도 추진하였다. 특히 노비제 폐지나 과부의 재가 허용은 동학농민운동 당시에 농민군이 정부에 요구했던 내용이다. 이 주장이 정부 정책에 반영되었다는 것은 조선 정부가 낡은 제도를 과감하게 개혁하여 조선을 근대 국가로 만들겠다는 의지가 있었음을 증명한다.

31) 연좌제 범죄자와 일정한 친족 관계가 있는 자에게 연대적으로 그 범죄의 책임을 지우는 제도.

물론 제1차 갑오개혁도 문제점은 있었다. 농민들의 희망 사항이었던 토지 제도의 개혁이 없었으며, 은본위제의 실시와 도량형 통일 등은 조선 내에서 상업 활동을 하고 있던 일본 상인들의 편리를 위한 것이었다. 또한 독자적인 개국 연호의 사용으로 청의 종주권을 부인하고, 왕실 사무와 정부 업무를 분리하여 대원군과 민 왕후의 정치 개입을 최소화하는 것은 철저히 일본의 이익을 반영한 내용이었다. 이러한 문제점 때문에 군국기무처가 중심이 되어 비교적 자주적으로 개혁이 추진되었음에도 불구하고 백성들의 지지를 받지는 못했다.

조선을 일본처럼 만들어라

청·일 전쟁에서 승기를 잡고 동학농민군도 진압한 일본은 이제 조선 땅에서 자기들을 방해할 세력이 더 이상은 없다고 판단했다. 이에 일본은 시시콜콜 내정을 간섭하려 들던 흥선대원군을 정계에서 은퇴시킴과 동시에 갑신정변의 주역으로 일본에서 망명 생활을 하고 있던 박영효를 급거 귀국시켰다. 친일파가 된 박영효야말로 일본에 유리한 개혁을 추진시킬 적임자였던 것이다.

제1차 갑오개혁의 중심지였던 군국기무처는 폐지되었고, 김홍집과 박영효가 공동으로 주도하는 연립내각이 전면에 나섰다. 이 내각의 총 책임자는 김홍집이 분명했다. 하지만 개혁의 주도권은 박영효가 쥐고 있었다.

박영효 중심으로 새롭게 구성된 친일 내각은 고종으로 하여금 종묘에 나아가 홍범 14조를 발표하게 했다. 홍범 14조가 뭐냐고? 우리나라 최초의 헌법적 성격을 띤 법규이다. 청나라에 대한 사대 관계를 청산하고 국가 일은 반드시 왕이 대신과 함께 협의하여 결정하며, 왕의 친척이나 외척들이 정치에 관여하는 것을 금지하는 내용으로 구성되어 있었다.

또한 의정부를 내각으로 바꾸고, 8아문을 7부[32]로,

---

[32] **7부** 내부, 외부, 탁지부, 군부, 법부, 학부, 농상공부.

8도로 구성되었던 지방 행정구역을 23부로 개편하였다. 동시에 경찰권을 일원화하여 치안 유지를 강화하였으며, 재판소를 설치하여 사법권을 독립시켰을 뿐만 아니라, 한성사범학교를 설립하고 외국어 학교 관제를 공포하는 등 정치, 경제, 사회, 교육 등 다방면에서 근대 개혁을 추진해 갔다.

그러나 제2차 갑오개혁 역시 일본의 입김이 거세게 반영된, 일본을 위한 개혁에 불과했다. 대체 어느 부분에서 그런 느낌이 드느냐고? 개혁 내용을 면밀히 분석해 보면 일본이 얼마나 조선을 물로 보았는지 잘 알 수 있다.

우선 의정부를 폐지하고 내각제를 시행한 이유는 대원군과 민씨의 정치 개입을 차단하기 위해서였다. 다방면에서 추진된 개혁도 결국은 일본과 유사한 제도를 만들어 자신들의 침략 야욕을 좀 더 손쉽게 채우기 위한 것이었다.

한편 당시 조선의 현실에서 부국강병에 가장 필요했던 군사 분야의 개혁은 거의 없었다. 훈련대 2개, 시위대 2개를 설치하는 데 그치고 있다. 조선 땅을 삼키는 데 방해가 될 군사 분야 개혁은 최소한도로만 손질했던 것이다.

삼국간섭으로 체면을 구긴 일본

이처럼 조선 정부가 거의 초토화되고 있을 무렵이던 1895년 청·일 전쟁이 일본의 승리로 끝났다. 청·일 양국 간에 강화조약이 체결되었다(시모노세키 조약). 이 조약으로 일본은 조선에 대한 주도권은 물론 랴오둥반도와 대만까지 자국의 영토로 삼을 수 있었다.

앗! 그런데 청·일 간의 조약 체결에 크게 열 받은 나라가 있었으니, 바로 러시아였다. 러시아는 1860년에 중국과 국경선을 확정지으며 연해주를 넘겨받은 후에 블라디보스토크를 거점 삼아 만주와 한반도로 세력 확장을 노렸다.

이 상황에서 일본이 랴오둥반도를 차지하며 자신들의 남하정책을 방해하자 러시아는 곧바로 반발했다. 하지만 혼자 압력을 가해 봤자 일본이 콧방귀만 뀔 것 같아 러시아는 프랑스와 독일을 끌어들였다. 독일, 프랑스 또한 일본이 랴오둥반도를 차지해 버리면 중국에서 자신들의 이익에 해가 될 가능성이 크다고 판단했다. 러시아, 독일, 프랑스, 세 나라는 "일본이 랴오둥반도를 차지하면 동양 평화에 해롭다."면서 청나라에 다시 돌려주라고 압력을 넣었다.

일본은 억울했지만, 삼국의 단호한 요청을 들어줄 수밖에 없었다. 이로써 랴오둥반도를 거점으로 해서 동아시아 최강자로 우뚝 서려 했던 일본의 계획은 여지없이 무너져 버렸고, 오히려 코가 석 자나 빠질 정도로 수세에 몰리고 말았다.

여기서 방향을 전환하여 조선의 현실을 다시 이야기해 보자.

일본의 간섭에 불만이 많았던 고종과 민비는 삼국간섭으로 러시아의 힘을 달리 보게 되었다. 그래서 이완용과 이범진 같은 친러파와 접촉하면서 러시아의 힘을 빌려 일본 세력을 쫓아낼 궁리를 하기 시작했다.

정세가 이상하게 돌아가는 것을 눈치 챈 박영효는 조선 정부의 친러화를 막기 위하여 궁궐 호위병을 자신의 측근으로 교체하고 고종과 민비의 일거수일투족을 감시하려 했다. 하지만 박영효의 시도는 고종 임금의 노여움만 샀다. 결국 그는 자리에서 쫓겨나 일본으로 다시 망명을 떠나야 했다.

김홍집은 다시 한 번 말을 갈아탔다. 친일 내각의 우두머리로 일본의 편에서 정책들을 계속 추진했던 그였지만, 고종의 마음이 러시아로 기울자 재빨리 변신하여 친러파와 손을 잡고 내각을 구성하여 그 우두머리가 되었다. 그러면서 그동안 추진해 왔던 갑오개혁을 중단시킨 뒤 러시아를 등에 업고 새로운 개혁을 추진하려 했다.

이제 일본은 조선 땅에서 완전히 닭 쫓던 개 지붕 쳐다보는 꼴이 되고 말았다. 일본은 그동안 남들이야 뭐라고 하든지 양손으로 두 귀를 꽉 틀어막고 조선을 자기들 입맛대로 요리하기 위해 혈안이 되어 있었다. 그런 조선을 곰 같은 러시아에 고스란히 넘겨주게 된 것이다.

이에 일본은 일시에 상황을 반전시킬 '깜짝쇼'를 기획했다. 바로 조선의 국모인 왕비 민씨를 죽이는 일이었다. 이 작전의 암호명은 '여우 사냥'이었다.

왜 일본은 발각이 되면 세계 여론이 자기들에게 불리하게 전개될 것을 뻔히 알면서도 이러한 무리수를 두려 했을까? 일본은 삼국간섭 이후 그동안 조선에서 다진 입지를 잃을까봐 노심초사[33]한 상태였고, 친러 정책에 앞장서는 민 왕후를 죽이지 않고서는 조선 침탈을 달성할 수 없다고 판단했다. 그래서 일본 공사를 육군 중장 출신 미우라로 교체하여 음모를 꾸미게 했다.

33) **노심초사** 애쓰면서 속을 태움.

중전 민씨를 일본 깡패들이 살해하다

1895년 8월 20일 새벽. 미우라의 계획으로 일본에서 건너온 깡패들이 일본군 수비대와 함께 흥선대원군을 앞장세워 경복궁으로 쳐들어갔다. 아니! 또 흥선대원군? 그래 맞다. 며느리인 민 왕후와 사사건건 대립했던 흥선대원군은 이번에도 일본 측에 협력했다. 시아버지와 며느리의 반목 속에 참으로 슬픈 일이 조선 왕실 내에서 발생한 것이다.

여기서 잠깐! 왜 일본인들은 흥선대원군을 앞세워 경복궁으로 쳐들어갔을까?

여기에는 사건의 모든 책임을 흥선대원군에게 뒤집어씌우려 한 일본의 간교한 흉계가 숨어 있었다. 이러한 사실도 모르고 며느리를 죽이는 데 앞장섰으니, 흥선대원군도 참 한심한 인간이다.

흥선대원군이 "문 열어라!" 외치는 소리에 깜짝 놀란 문지기가 경복궁의 문을 열었다. 이 틈을 타서 일본 깡패들이 무더기로 궁내에 들어가 민 왕후를 살해했다. 그러고는 시신을 검은 두루마기에 싸서 소나무 숲으로 가져간 뒤 석유를 뿌리고 불을 질러 사건을 은폐하려 했다. 완전 범죄를 위해 남의 나라 왕비를 살해한 것도 모자라 시체까지 불태워 버리려 했으니 치를 떨 수밖에 없다.

이렇게 해서 조선의 국모 왕비 민씨는 처참한 죽음을 맞이

했고, 을미년에 일어났다고 해서 이 사건을 '을미사변'이라고 한다.

그 후 일본은 고종을 협박하여 김홍집을 우두머리로 한 제3차 친일 내각을 조직했다. '변신의 천재' 김홍집은 친러 내각에서 다시 친일 내각으로 바뀌었는데도 내각의 총책임자 자리를 그대로 지켰다.

여기서 질문을 하나 던져 보자. 나라의 국모가 무참히 살해당했는데, 이에 따른 반발은 없었을까?

물론 있었다. 우선 각국은 이 사건이 일본이 저지른 일임을 눈치 채고 일본에 항의했다. 또한 조선의 백성들이 의병을 일으켜 일본의 악행을 규탄했다. 상황이 이렇게 돌아가자, 일본 정부는 미우라 공사를 비롯한 사건 주모자 48명을 일본으로 불러들여 재판을 받게 했다. 그러나 이 재판은 시간이 흐르며 유야무야되었고, 범인들은 증거 불충분으로 모두 석방되었다.

여기에 우리 민족사에 다시 없을 희극 같은 비극이 벌어졌다. 친일파로 구성된 제3차 김홍집 내각은 죽은 민 왕후를 왕비의 자리에서 몰아내고 왕후 살해 사건과는 전혀 관련이 없는 조선 사람을 범인으로 지목하여 이 사건을 무마하려 했다. 아무리 힘이 없는 나라라고는 하나 정부가 나서서 하늘이 알고 땅이 아는 일을 일본의 눈치 때문에 조작하려 했으니, 참으로 부끄러운 우리 근대의 역사가 아닐 수 없다.

민족의 자존심까지 자른 단발령

을미사변으로 새롭게 구성된 친일 내각은 친러 내각 구성 이후 중단된 갑오개혁을 다시 추진하기 시작했다. 이 개혁을 '을미개혁'이라고 한다. 그러나 갑오개혁의 연장선에서 추진되었기에 을미년에 추진되었어도 을미개혁이라 하지 않고 제3차 갑오개혁이라고 부르기도 한다.

을미개혁 때 추진했던 개혁 내용은 다음과 같다.

단발령 공포	조선인들의 상징과도 같은 상투를 잘라 현재 우리 머리처럼 만드는 것
태양력 사용	음력 대신 양력을 사용하게 하는 것
건양 연호 사용	조선 독자 연호인 '건양' 사용
종두법 시행	유아 사망률이 높은 천연두에 대한 예방 접종
소학교 설립	초등학교 설립
우편 사무 시작	갑신정변으로 중단된 우체국 업무 시작
친위대(중앙), 진위대(지방) 설치	군사 제도 재편성

    이러한 여러 개혁 중에서 조선 땅을 들끓게 만든 것이 있었으니, 그것은 바로 '단발령' 실시였다. 목숨보다 더 애지중지했던 상투를 자르라는 것은 조선 사람들이 도저히 받아들일 수 없는 치욕적인 명령이었다.

    상투를 자르고 서양식 머리를 하는 것이 반드시 필요하다고 주장하는 신하들의 강요로 고종이 먼저 솔선수범하여 상투를 잘랐지만, 민심은 반대가 대세였다. 전국 방방곡곡에서 개혁을 반대하는 목소리가 들끓었으며, 상투를 잘리지 않으려고 시골로 급히 몸을 숨기거나 자살하는 사람까지 나타났다.

서울 시내에는 때 아닌 땔감 파동으로 밥을 해 먹지 못하는 집도 나타났다. 성 밖에 사는 나무꾼들이 시내로 나무를 팔러 와야 했는데, 이들이 상투가 잘릴 것을 염려하여 아무리 돈이 궁해도 4대문 안 출입을 뚝 끊어 버린 것이다.

한편 을미사변과 단발령은 조선 사람들의 반일 감정을 폭발시켜 전국 각지에서 의병들이 들고일어났다. 이 의병을 을미의병이라 한다.

역사 그루터기

을미사변을 목격했던
최초의 서양인 건축가 사바친

벽안의 러시아 사람 사바친(A. I. S. Sabatin)은 1883년 초 세관을 세우기 위한 차관 교섭 차 상하이에 온 묄렌도르프의 보좌관에게서 꿈같은 제의를 받는다.

"대조선 국왕이 올바로 사람을 쓰려 하는데 일할 마음이 있으면, 외국 조계지 측량과 궁궐 건축을 맡아 달라."

그해 9월, 23세의 청춘은 청운의 꿈을 품고 이 땅에 왔다. 그러나 그는 제대로 된 교육을 받은 건축 전문가가 아니었다. "귀하를 천거하기 곤란하다. 최소한 중학교 전 과정을 이수한 인물이 필요하다." 1895년 9월 러시아 공사관은 러시아어 학교 교사로 자신을 추천해 달라는 그의 요청을 학력 미달이

역사 그루터기

라는 이유로 거절했다. "본인은 2급 자격을 부여하는 교육기관이 발급한 증명서를 갖고 있다."라고 항변했다. 이런 그의 항변을 근거로 종래 그가 '육군유년학교 공병과'를 나온 것으로 알려져 왔다. 하지만 아들 표트르가 기억하는 부친은 '독학으로 공부'해 입신한 인물이었다. 한편 타지아나 심비르체바의 연구에 따르면, 그는 러시아 교육기관 중 다소 수준이 떨어지는 '항해사 양성 전문 강습소(Maritime Classes)'를 수료한 것으로 보인다.

그는 공식 자격증이 없던 건축가였기에 유럽의 전통 양식에 한국적 특색을 가미한 독특한 창조물을 남길 수 있었다. 파리의 개선문을 모델로 '신로만 양식'을 따랐지만, 장식을 최소화함으로써 한국의 전통 건축미도 배어 나오는 독립문이 그 대표적 사례다. 인천부두와 해관청사, 세창양행 직원 사택, 러시아 공사관, 덕수궁 내 중명전과 정관헌, 그리고 손탁호텔 등. 1904년 러·일 전쟁이 터져 귀국길에 오르기까지 20년간 그는 자신을 '조선 국왕 폐하의 건축가'로 칭하며, 죽어가는 왕조의 마지막 길이 어떠했는지 증언하는 축조물을 개항장 인천과 수도 서울에 남겼다.

"마루는 20~25명의 양복 차림 일본인들이 일본도로 무장한 채 점거하고 있었다. 그들은 방 안팎으로 뛰어다니며 여인들의 머리채를 잡아끌고 나와 마루 아래로 내던져 떨어뜨리고 발로 걷어찼다."

그는 명성황후가 궁궐에서 일본의 우익 낭인들에게 참살당하는 비극을 목격하고 그 만행의 진실을 당당히 증언한 '고매한 목격자(noble witness)'이기도 했다. 그때 우리는 제국주의 열강의 침략을 막고 근대 국민국가를 세우는 시대적 과제를 달성하는 데 실패했다. 몸은 썩어도 뼈는 남듯이, 그의 손길로 지어진 근대 건축물들은 남의 힘을 빌려 살아남으려다 망국의 슬픈 역사를 쓰고 말았던 그때의 뼈아픈 교훈을 망각하지 말라는 메멘토 모리(Memento Mori)로 남아 오늘 우리 곁을 지킨다.

〈허동현(역사학자),「중앙일보」, 2009년 12월 16일자〉

러시아 공사관으로 거처를 옮기는 고종

아관파천의 '아관'은 러시아 공사관을, '파천'은 임금이 궁궐을 떠나 다른 곳으로 옮겨 가는 것을 뜻한다. 따라서 1896년 2월에 발생한 아관파천은 고종 임금이 자신이 살던 경복궁을 떠나 러시아 공사관으로 비밀리에 옮겨 간 사건을 말한다.

그런데 아무리 생각해도 이상하다. 왜 고종은 자기가 다스리던 조선 땅 안에서 그것도 가장 안전하다고 할 수 있는 구중궁궐을 버리고 러시아 공사관으로 도망가야 했을까?

사실 고종은 을미사변이 발생한 지 얼마 지나지 않은 1895년 10월에도 러시아의 양해를 얻어 미국 공사관으로 피신하려 했다. 그러나 그의 도피행은 친일 세력에게 발각되어 실패로 돌아갔다. 이 사건을 '춘생문 사건'이라고 한다. 왜 그러냐고? 고종을 모시고 갈 군대가 경복궁의 동북쪽 문인 춘생문으로 들어와 고종을 데리고 몰래 궁궐을 빠져나가려 했기 때문이다.

이 사건 이후 친일 내각과 일본은 고종에 대한 감시를 한층 철저히 하면서 갑오개혁의 연장선에서 진행하던 을미개혁 추진에 박차를 가했다.

그런데 을미사변과 단발령에 반발하여 전국 각지에서 의병이 일어나자, 이를 진압하기 위해 궁궐 경비병 일부를 지방으로 보내면서 궁궐 수비가 느슨

해졌다. 고종은 이 틈을 타서 당시 친러 세력의 대표자였던 이완용, 이범진 등과 상의하여 1896년 2월 11일 새벽에 세자(순종)와 함께 궁녀의 가마를 타고 러시아 공사관으로 피신했다. 이 사건을 '아관파천'이라고 한다.

이후 고종은 을미개혁이 친일파들과 일본의 강요 때문에 어쩔 수 없이 추진되었다고 발표하며 단발령을 거두어들였다. 동시에 친일 내각을 해산시키고 친러파 중심으로 새 내각을 구성했다. 이로써 을미개혁은 좌초되었고 내각을 진두지휘했던 김홍집은 광화문 앞에서 사람들이 던진 돌에 맞아 처참하게 죽고 말았다.

1970년대 유행했던 노래가 하나 있다. 바니걸스(토끼소녀)라는 쌍둥이 자매가 부른 〈안 되는 줄 알면서 왜 그랬을까〉이다. 바니걸스는 요즘의 소녀시대 저리 가라 할 정도로 인기 있는 그룹이었는데, 이 노래가 아관파천 이후 친일 세력의 모습을 떠오르게 해서 여기에 소개한다.

도서관에 간다고 공원 길에서

살금살금 데이트만 하고 와서는

밀린 숙제 못하고 끙끙대더니

그만 그만 사르르 잠이 들었네

안 되는 줄 알면서 왜 그랬을까

안 되는 줄 알면서 왜 그랬을까

이제는 후회해도 어쩔 수 없어요

이 노래의 가사를 바꾸어 못된 짓 하다가 꼴좋게 된 친일 세력을 신나게 비꼬아 보자.

개방 개혁한다고 일본 땅에서

머리 깎는 기술만 배워 와서는

의병들이 일어나자 끙끙대더니

그만 그만 모두들 도망쳐 버렸네

안 되는 줄 알면서 왜 그랬을까

안 되는 줄 알면서 왜 그랬을까

이제는 후회해도 어쩔 수 없어요

이제는 조금 머리를 써서 해결해야 할 문제거리로 들어가 보자.

천상천하 유아독존이라는 임금이 다른 나라 공사관에 들어가 허수아비처럼 살고 있는데도 나라에 별일이 없었을까?

당연히 많은 문제가 발생했다. 생각해 보라. 남의 집에 얹혀살면서 그 집 주인이 하라는 일을 거부하는 강심장이 세상에 몇이나 있을까? 그 집을 나가지 않는 이상 주인의 눈치를 볼 수밖에 없다.

아관파천 이후 고종의 신세가 딱 그랬다. 그는 자신을 보호해 주는 러시아의 요구 사항을 모두 들어줄 수밖에 없었다. 또한 러시아가 조선의 이권을 싹쓸이하려 한다는 낌새를 눈치 챈 미국, 프랑스, 독일, 일본 등이 왜 러시아만 편애하느냐며 달려들자, 그들에게도 이익이 많이 남는 알짜배기 사업들을 내줄 수밖에 없었다. 한마디로 아관파천 이후 조선은 힘센 나라들의 이권 침탈장으로 전락하였다.

무슨 일이 일어났는지 알아야 대비책을 세울 수 있으니 아관파천 이후에 열강들이 가져간 이권들을 자세히 살펴보자. 읽다 보면 열불이 치밀어 머리에서 김이 모락모락 날 수도 있으니 주의하기 바란다.

러시아는 군사, 재정 고문을 자기 나라 사람으로 앉혀 조선의 내정을 간섭하려 했다. 그러면서 경제적 이익을 위해 압록강, 두만강, 울릉도 등지의 우람한 나무를 베어 갈 수 있는 삼림 채벌권을 챙겼다.

미국은 경인선 철도 부설권과 서울에 전기를 가설하고 전차를 다닐 수 있게 하는 사업권, 조선 전체 금 생산량의 4분의 1을 차지하는 '노다지' 광산이었던 평안북도 운산 금광 채굴권을 가져갔다. 미국이 다양한 이권을 챙기자 영국, 독일, 일본도 득달같이 달려들었다. 난처해진 조선 정부는 이들 나라에도 이익이 많이 남는 광산 채굴권을 내주어야 했다.

한편 일본은 조선 정부가 다른 나라에 주었던 철도 부설권을 매입하여 조선 철도의 동맥이라고 할 수 있는 경인선, 경부선, 경의선, 경원선 철도를 모두 개통했다. 즉, 경인선은 미국이, 경의선은 프랑스가 사업권을 가지고 있었으나, 이들 철도 부설권을 일본이 거금을 주고 사들여 조선 땅 주요 철도는 일본이 모두 완성시켰다. 이처럼 일본이 철도 사업에 열을 올린 이유는 딱 하나, 조선 진출과 대륙 침략을 용이하게 하기 위해서였다.

자! 자! 기지개 한번 늘어지게 켜고 아관파천에 대해서 마무리를 해 보자.

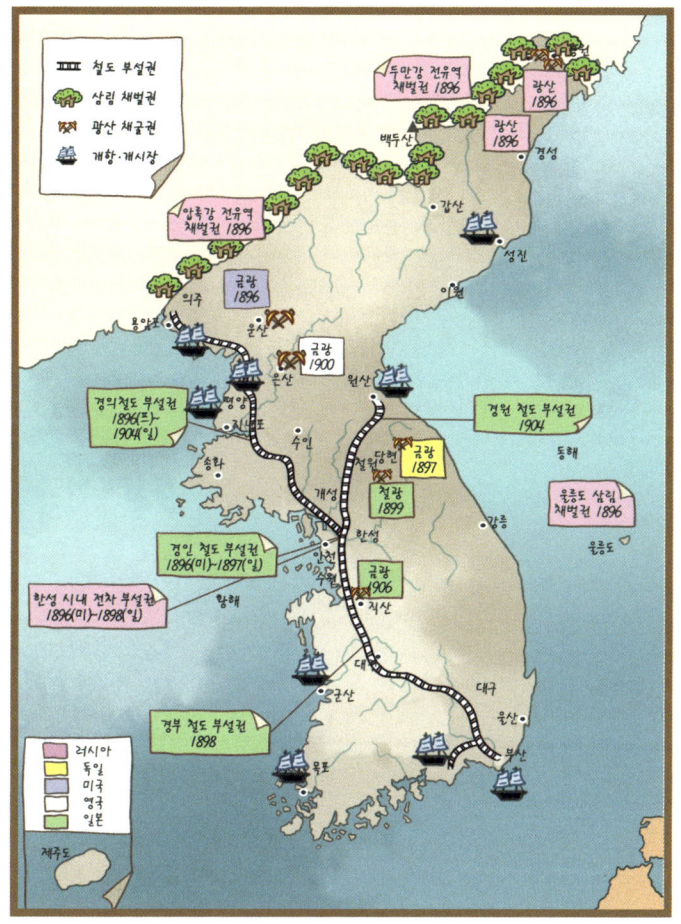

열강들의 이권 침탈

러시아 공사관으로 고종이 자진하여 들어갔던 아관파천은 일본의 침략을 견제하려는 것이었으나 도리어 나라의 멸망을 재촉하고 말았다.

에구구, 불쌍하고 원통한 조선 왕조여!

역사 그루터기

금을 '노다지'라고
불렀던 슬픈 사연

노다지 노다지 금노다지
노다지 파려거든
요 내 배알에서 팔 것이지
노다지 노다지 금노다지
문전옥답 처넣더니
요 내 배알까지 처넣는구나.

우리 민요 〈노다지 타령〉이다. 노래 속의 노다지는 귀금속인 금을 말한다.
금을 금이라 하면 되지, 왜 노다지라고 하느냐고?
여기에는 우리 선조들의 슬픈 사연이 깃들어 있다.

대한제국 시대에 나라 전체가 열강의 먹잇감이 되다시피 했는데, 당시 동양 최대의 금광이었던 운산 금광 (평안북도 운산군 소재) 도 미국인의 손에 넘어갔다.

미국인 경영주는 싼값으로 고용한 조선인 노동자들이 막장에서 금을 캐내면, 이를 상자 안에 담고 'No Touch'라고 붉은 글씨를 써 놓았다. 그러다가 행여 조선인이 손을 대려고 하면 "노 터치", "노 터치"라고 했다.
'손대면 안 돼'라는 뜻에서 말한 노 터치가 조선인 노동자들의 귀에는 '노다지'로 들렸다. 이때부터 노동자들은 미국인들이 금을 노다지라 하는 줄 알고 금만 보면 "노다지 나왔다."라고 했다.

만민이 모여
자주 국권을 외치다

1884년에 일어났던 갑신정변의 주역 중에 서재필이 있었다. 그는 정변이 실패로 끝난 후에 김옥균과 함께 일본으로 망명을 떠났다. 그러나 일본이 망명해 온 사람들을 냉담하게 대하자 서둘러 미국으로 떠났다. 그곳에서 상점의 종업원으로 돈을 벌며 주경야독하며 열심히 공부하여 끝내 의사가 되었다.

이런 서재필을 조선 정부가 중추원[34] 고문으로 초빙했다. 서재필 또한 언젠가는 조선에 와서 조선 백성들에게 도움이 될

34) 중추원 고려와 조선 시대에 왕명 출납과 숙위, 군사 기무를 담당하던 관청.

일을 하고 싶었기에 정부의 초빙에 응해 고국 땅을 다시 밟았다. 하지만 그는 중추원 고문보다는 민중 계몽에 효과적인 신문을 창간하는 일에 더 관심이 많았다. 그가 신문을 발간하고자 했던 이유는 조선에서 근대 개혁이 성공하기 위해서는 민중을 계몽하고 그들의 지지를 얻어야 한다고 판단했기 때문이다.

이러한 생각 속에서 그는 미국에 유학을 다녀온 윤치호와 손잡고 1896년 4월에 신문 지면의 한쪽 면은 한글로, 다른 한 면은 영문으로 된 「독립신문」을 창간하였다. 서재필이 한글판, 영문판을 동시에 제작한 이유는 한글을 터득한 사람이라면 누구나 국내외 정세를 살펴 개혁에 동참할 수 있도록 하고, 동시에 국내에 살고 있던 외국인들에게도 조선의 현실을 알려 주기 위해서였다.

서재필의 생각은 맞아떨어졌다. 신문을 접하면서 민중들은 개혁의 필요성을 조금씩 느꼈다. 개혁의 공감대가 어느 정도 형성되자 그는 이완용, 이상재 등과 힘을 합하여 독립협회를 창립하였다.

독립협회는 「독립신문」을 통해 자주 독립과 근대 개혁의 중요성을 적극적으로 홍보하면서, 중국에 대한 사대주의의 상징이라고 할 수 있는 영은문을 헐고 그 자리에 독립문을 세웠다. 영은문은 청나라 사신들이 조선에 입국하여 수도인 서울로 들어올 때 통과하는 문으로 '중국 황제에게 영원히 감사한다'는 뜻을 가지고 있었다. 따라서 이 문을 없애고 그 자리에 독립문을 건설했다는 것은 독립협회의 자주 국권 의지를 잘 보여 준다. 한 걸음 더 나아가 청나라 사절단 숙소인 모화관을 사들여 이름을 독립관으로 변경한 후에 이곳에서 강연회 및 토론회를

독립신문 창간호 국문판(왼쪽)과 영자판(오른쪽).

개최하면서 민중 계몽에 한층 힘을 쏟았다.

한편 독립협회는 창립 초기에는 정부와 보조를 맞추면서 근대화 운동을 벌였다. 고종이 러시아 공사관에서 경운궁(현재의 덕수궁)으로 돌아와 대한제국으로 나라 이름을 변경하고 추진했던 광무개혁에 힘을 실어 주는 입장이었다.

그러나 독립협회는 전국의 주요 도시에 지회가 설치되고 회원 수가 4천여 명이 넘는 거대 단체로 발전하며 점차 자신들

독립문 독립협회는 청나라에 대한 사대외교의 상징인 영은문을 헐고 그 자리 근방에 독립문을 세웠다. 앞에 영은문의 돌기둥이 보인다.

의 주장을 정부에 요구하며 정부와 대립하기 시작했다. 서재필을 비롯한 독립협회 내의 급진 세력은 대한제국 정부가 황제권을 강화하려 하자, 이에 반발하며 입헌군주제를 주장했다. 1898년 2월에는 정부가 러시아인 알렉세예프를 고문으로 임명하자, 이를 비판하면서 보수적 색채가 짙은 고위 관리들을 퇴출시키라고 압력을 넣기도 했다.

정부는 독립협회의 이러한 활동을 고깝게 여겨 서재필을

중추원 고문직에서 해임하고 미국으로 돌려 보내려 했다. 그러자 독립협회 회원들은 1898년 3월에 서울 종로 한복판에서 만민공동회를 열어 정부의 결정을 철회시키려 했다. 만민공동회가 뭐냐고? 양반에서 백정까지 나랏일에 관심이 있는 모든 사람들이 한자리에 모여 협회의 주장을 펼치고 정부에 영향력을 행사하려 했던 일종의 '촛불 집회'다.

우리나라 역사상 최초의 민중 대회라고 할 수 있는 이 집회는 러시아의 이권 침탈, 즉 부산 앞바다에 있는 섬인 절영도를 조차35)해 가려는 것과 한·러 은행이 특혜를 받는 것 등을 저지했다.

한편 만민공동회의 개혁 요구에 부담을 느낀 정부는 진보적인 관리들로 내각을 꾸려 1898년 10월에는 진보내각의 관리들까지 함께 참여한 만민공동회가 개최되었다. 이 공동회를 관리와 민간인이 함께 했다고 해서 '관민공동회'라고 한다. 백정 박성춘이 개막 연설을 했으며, 현장에서 결의한 내용을 6개 조항(헌의 6조)으로 정리하여 황제에게 헌의36)했다.

35) 조차 특별한 합의에 따라 한 나라가 다른 나라 영토의 일부를 빌려 일정한 기간 동안 통치하는 일.

36) 헌의 신하들이 국가의 중대사를 논의하여 그 결과를 임금에게 올림.

> **헌의 6조**
>
> 1. 외국인에게 기대지 말고, 관민이 합심하여 황제의 권한을 튼튼히 할 것
> 2. 외국과 이권에 관한 계약과 조약은 대신 단독으로 처리하지 말고 대신과 중추원 의장이 합동 날인하여 시행할 것
> 3. 국가 재정은 탁지부에서 모두 관리하고 예산과 결산을 국민에게 알릴 것
> 4. 중대한 범죄는 공판을 하되, 피고의 인권을 존중할 것
> 5. 지방관을 임명할 때는 황제가 정부에 뜻을 물어 여론에 따를 것
> 6. 규정을 실천할 것

여기서 잠깐! 대한제국 정부는 독립협회가 주도한 만민공동회나 관민공동회에 어떻게 대응했을까?

정부 입장에서 백성들의 여론을 무시할 수는 없었다. 그래서 공동회에서 주장한 내용 중 일부를 정부 정책에 반영하였다. 러시아의 절영도 조차가 철회되었고, 한·러 은행도 러시아 정부가 자진하여 문을 닫아 버렸다. 국민의 신체와 재산권을 위협하며 내린 부당한 판결을 거두어들이고 담당 재판관을 징계하였다. 그리고 독립협회가 요구했던 의회를 설치하기 위하여 중

추원을 상원과 하원으로 구성된 의회로 개편하려 했다. 한편 프랑스와 독일은 광산 채굴권 요구를 거두어들였다.

흔히들 독립협회는 3대 운동을 전개했다고 말한다. 외세의 간섭과 이권 침탈을 저지하기 위해 추진했던 자주 국권 운동, 국민의 신체 자유와 재산권 보호 및 언론과 집회의 자유권을 쟁취하기 위한 자유 민권 운동, 입헌군주제와 의회 설립 운동을 전개하여 국가 체질을 강화하려 한 자강 개혁 운동이 바로 그것이다.

하지만 보수 세력은 독립협회의 이러한 활동들을 마뜩찮아 했다. 이들은 독립협회가 1898년에 접어들며 정치 활동을 본격화하자, 독립협회의 실질적 주인인 서재필을 미국으로 추방하고 "독립협회가 공화제를 모의한다."라고 모함하여 고종 황제의 해산령을 이끌어냈다. 1898년 11월의 일이었다.

독립협회 입장에서는 무척 억울한 일이었다. 왜냐하면 자신들은 입헌군주제를 주장했지, 공화제를 꾀한 것이 절대 아니었기 때문이다.

독립협회는 즉각 반발했다. 지지자들을 모아 놓고 만민공동회를 개최하여 고종의 해산령을 철회시키려 했다. 그러나 보수 세력들은 보부상들로 조직된 황국협회를 뒤에서 조종하여 공동회장을 난장판으로 만들었다. 그리고 정부는 사회 혼란을 이유로 독립협회를 끝내 해산시켜 버렸다.

대한제국의
위태로운 탄생

러시아 공사관으로 옮겨 가서 1년을 지낸 고종 임금이 국내외 여론에 밀려 경운궁으로 옮겨 오더니, 나라 이름을 조선에서 대한제국으로 바꾸었다. 왜 바꿨느냐고? 조선을 호시탐탐 노려보고 있던 세계열강에 꿀리지 않기 위해서였다.

뭐, 이름을 바꾼다고 힘없는 나라가 갑자기 강대국으로 화려한 변신을 할 수는 없었겠지. 하지만 현실이야 어떻든 고종은 실추된 조선의 명예를 되살리기 위해 신하들의 건의를 빌려 대한제국을 선포하고 스스로 황제라 칭했다. 그리고 이를 공식화하기 위해 현재 덕수궁의 정문인 대한문 건너편에 있던 남별궁 터(현재의 조선호텔 자리)에 거대한 원형 제단을 건립했다.

"원형 제단이 뭥미?"라고 묻지는 말아라. 동양의 전통 사상에 의하면 하늘은 원형으로 생겼다. 따라서 하늘에 제사를 지내는 제단은 원형으로 만드는 것이 원칙이었다. 중국의 수도인 베이징에 천구단이 있다. 이곳은 명나라와 청나라 황제가 하늘에 제사 지내던 곳으로, 이 제단 역시 원형이다.

고종은 신하들이 황제 취임을 권하자 못 이긴 척 승낙한 후에 하늘에 이를 알리기 위한 제단 만들었고, 그 이름을 원구단이라 했다. 그리고 이곳에서 1897년 10월 12일에 황제 즉위식을 화려하게 열었다. 대한제국의 성립이었다.

원구단

이게 무슨 의미를 갖느냐고? 조선은 개국 이래로 스스로 중국에 사대를 해서 아버지 나라로 받들어 모셨다. 물론 강화도 조약을 비롯한 근대 조약에 "조선은 자주국이다."라는 조항이 들어가 있기는 하지만, 이런 것들은 외세, 특히 일본이 반강제적으로 넣었을 뿐, 조선 왕이 자발적으로 "우리나라는 자주국이다."라고 대내외에 당당하게 밝힌 적은 없었다. 그런데 고종이 아관에서 돌아온 이후에 몸소 본인의 입으로 청나라 일본과 대등한 자주국임을 선포했으니, 이것이야말로 천지가 개벽할 사건이었다.

한편, 이때부터 고종 황제는 '광무'라는 독자 연호를 제정하여 사용하기 시작했다. 또한 대한제국의 헌법이라 할 수 있는 '대한국 국제'를 만들어 발표했다. 이 법의 핵심은 육군과 해군의 통수권, 입법권, 행정권, 관리 임명권, 조약 체결권, 사신 임명권 등이 모두 황제에게 있음을 천하에 선포한 것이었다. 대한국은 만세 불변의 전제주의 국가이며 자주 독립국이니 똑똑히 보라는 이야기다.

여기에 고종은 제국의 위상에 걸맞게 나라를 변신시키기 위하여 개혁 추진에 한층 속도를 냈다. 이 개혁을 당시의 연호를 따서 '광무개혁'이라 한다.

광무개혁의 핵심은 '구본신참(舊本新參)'이었다. 구본신참? 이것 참 이름이 어렵다. 풀어 쓰면 "조선이 대대로 지켜 온 가치들을 기본으로 삼고, 새로운 것을 덧붙이겠다."라는 뜻이니, 결국 대한제국의 근대화 운동은 우리의 전통 사상을 기본으로 삼되 서양의 과학 기술을 적절히 받아들이자는 것이었다.

앗! 그러고 보니, 이러한 생각을 가지고 추진한 개혁이 전에도 있었던 것 같다.

개항 이후 온건 개화파가 추진했던 개화정책의 구호가 뭐였지? 동도서기. 동양의 도를 바탕으로 하고 서양의 기술을 수용하자는 주장인 동도서기와 구본신참은 쌍둥이라고 할 수 있다.

그럼 구본신참을 바탕으로 추진했던 광무개혁의 내용으로는 어떤 것들이 있었을까?

대한제국 정부는 황제를 지키는 시위대를 만들고 지방에는 진위대를 설치하였다. 또한 황제가 군대를 통솔하는 원수부를 설치하여 황제에게 군사권을 집중시켰다. 여기에 조세 수입을 늘리고 근대적인 토지 소유권 제도를 확립하기 위하여 이를 관장할 양지아문(후에 지계아문으로 변경)을 설치하여 일부 지역에서 토지를 측량하고 지계를 발급하였다. 지계는 정부가 개인의 토지를 조사하여 발급한 토지 소유 문서로, 이로써 개인이 법의 보호 아래 토지를 자유롭게 매매할 수 있었다. 물론 국가 재정도 개선할 여지가 있었으니 지계 발급은 꿩 먹고 알 먹는 사업이었다. 그러나 불행하게도 이 사업은 중간에 흐지부지되었다.

한편 지방 행정구역을 23부에서 13도로 개편하였으며, 상공업 육성을 장려하였다. 서양의 근대 기술 도입도 서둘러서 섬유, 운수, 광산 분야에서 근대적 회사와 공장을 세웠다. 경인선·경부선·경원선과 같은 철도가 부설되었으며, 궁궐과 서울 시내에 전등과 전화가 가설되었다. 서울 시내에 전차도 운행되어 사람들을 깜짝 놀라게 했다. 갑신정변으로 중단되었던 우편 사무가 새롭게 실시되었으며, 각종 학교, 한성은행 같은 금융 기관

및 광제원(후에 대한의원으로 이름 변경) 같은 근대식 병원도 들어섰다.

　이처럼 광무개혁은 강력한 전제군주제를 바탕으로 한 근대 주권국가를 지향하면서 짧은 기간 안에 국방, 산업, 교육, 기술 면에서 적지 않은 성과를 나타냈다. 특히 이러한 개혁이 외세의 간섭이 없이 자주적으로 추진되었다는 점에서 광무개혁은 다른 근대 개혁과 차별화된다.

　물론 광무개혁 또한 문제점이 많았다. 근대 문물 도입은 열강들의 이권 침탈과 떼려야 뗄 수 없었다. 또한 대한제국 정부가 열강들의 영향력에서 자유롭지 못했기에 민중들의 자주적 근대화 열망을 온전하게 담아내기란 역부족이었다. 더구나 주도 세력의 무능과 부패 속에 1904년에 러·일 전쟁이 발발하며 일제의 간섭이 심화되자, 대한제국 정부의 자주적 근대화는 불가능해졌고 광무개혁도 더 이상 실효를 거둘 수가 없었다.

13 무너지는 대한제국

러·일 전쟁으로
날개 단 일제의 야욕

아관파천 후 주도권 쟁탈전은 러시아의 승리로 끝나는 것 같았다. 러시아는 1860년 청나라와 베이징 조약을 체결하여 연해주를 자기들 땅으로 삼은 이후 꾸준히 남쪽으로 세력을 넓혀 왔다. 특히 1896년 삼국간섭의 대가로 청나라로부터 중동 철도[37] 부설권을 획득하고 랴오둥반도 끝에 있는 뤼순항(여순항)을 장기 임대해 가는 등 만주와 한반도로의 진출을 본격화하기 시작했다.

이러한 러시아의 남하정책에 일본은 한반도에서 이익을 독

---

[37] **중동 철도** 하얼빈을 중심으로 동쪽으로 쑤이펀허(수분하), 서쪽으로 만저우리(만주리)까지 연결된 철도로 '동청 철도'라고도 한다. 러시아가 부설했다.

점하기 위해서는 러시아와 언젠가는 일전이 불가피하다는 것을 느끼고 있었다. 그래서 일본은 영국과 동맹을 체결(1902)하고 미국과 우호적인 관계를 형성하면서 기회를 엿보고 있었다.

1904년으로 접어들면서 한반도를 사이에 두고 양국 간에 전쟁의 기운이 감돌기 시작했다. 이러한 낌새를 눈치 챈 대한제국은 서둘러 국외중립을 선언했다. 그때가 1904년 1월이었다. 하지만 일본은 선전포고도 없이 2월에 인천에 정박해 있던 러시아 함대를 급습하고 동시에 러시아 함대 기지가 있던 랴오둥 반도의 뤼순항을 공격했다. 러·일 전쟁의 시작이었다.

전쟁 초기에 유리한 국면을 조성하기 위하여 일본은 대한제국에 '한·일 의정서' 체결을 강요해 왔다. "군사적으로 필요한 한반도 내의 주요 지역들을 일본 군대가 마음대로 사용할 수 있다."라는 것이 조약의 핵심 내용이었다.

대한제국의 입장에서는 굴욕적이었다. 하지만 일본은 무력을 앞세워 조약 체결을 강제했다. 재정 담당 부서인 탁지부대신(탁지부 장관) 이용익은 완강하게 저항했지만 외부대신 대리로 있던 친일파 이지용이 협조했다.

러·일 전쟁 풍자화 러시아가 중국이라 써진 나뭇가지에 걸터앉아 열매(조선)를 따려하자, 일본 군인이 자기 키보다 더 큰 총을 들고 "나무에서 내려와라! 그 사과들은 내 거야!"라고 외치는 모습이다.

러·일 전쟁은 영국과 미국의 적극적인 지원을 등에 업은 일본에 유리하게 전개되었다.

일본은 러·일 전쟁 당시에 총 19억 8,400만 원을 썼는데, 이 금액의 3분의 2인 12여 억 원을 미국과 영국이 댔다. 왜 다른 나라 전쟁에 이처럼 많이 지원해 주었느냐고? 물론 얻을 게 있어서였다. 영국은 아프리카와 아시아 지역에 많은 땅을 식민지로 확보하고 있었는데, 러시아의 남하정책이 영 못마땅했다. 미국 또한 중국의 동북 지역인 만주 진출을 호시탐탐 노리고 있었는데, 러시아의 남하정책으로 계획에 차질이 빚어졌다. 영국과 미국이 일본 편을 들 수밖에 없는 상황이었다.

세계 여론은 일본과 러시아의 전쟁을 거인 대 난쟁이의 대결로 여겨 러시아의 일방적인 승리를 점쳤다. 그러나 예상과는 다르게 전쟁은 일본이 주도하였으며, 러시아는 곳곳에서 패했다.

전쟁이 한창 진행 중이던 1904년 8월, 일본은 대한제국에 또 다른 조약 체결을 강요했다. 조선 땅에 대한 독점권을 좀 더 확실히 보장받고 싶었던 것이다. 그래서 맺어진 조약이 제1차 한·일 협약〈한·일 협정서〉이다.

이 조약의 핵심은 일본의 고문단 파견이었다. 고문(顧問)이 뭐냐고?

'고문' 하니 생각나는 것이 하나 있다. 군대에서는 어리숙한 사람을 '고문관'이라고 놀린다. 국어사전에서 고문을 찾아보면, "어떤 분야에 대하여 전문적인 지식과 풍부한 경험을 가지고 자문에 응하여 의견을 제시하고 조언을 하는 직책, 또는 그런 직책에 있는 사람"으로 나온다. 그런데 왜 군대에서는 사전적 의미와는 동떨어지게 덜떨어진 사람을 가리키게 되었을까? 여기에도 우리나라가 외국에 의존하던 시기의 슬픈 역사가 존재한다.

일본에서 해방된 1945년 이후 한동안 우리 민족은 미국 군인들의 통치를 받았다. 이 시기에 우리 땅에는 많은 미국 군인들이 몰려와 감 놔라 배 놔라 하면서 여러 정책들을 조언해 주었는데, 이들이 우리나라 말에 서툴렀기에 하는 행동이나 말이 어벙하기만 했다. 그래서 '어떠한 일에 조언을 해 주는 사람'이란 의미의 고문이 꺼벙한 사람을 비하하는 말로 변질되어 아직도 군대 안에서 쓰이고 있다. 참으로 아이러니한 일이 아닐 수 없다.

아무튼 일본은 러·일 전쟁에서 승기를 잡자, 외교 및 재정에 일본 정부가 추천한 일본인과 외국인을 고문으로 쓸 것을 규정하는 조약 체결을 강요해 왔다.

이 조약으로 우리 땅에 온 사람이 미국인 외교 고문 스티븐스와 일본인 재정 고문 메가타였다. 스티븐스는 국제사회에 일본의 한반도 침략을 정당화하는 데 앞장섰으며, 메가타는 1905년에 화폐 정리 사업[38]을 실시하여 우리 경제를 일본 경제에 편입시켰다.

---

38) **화폐 정리 사업** 일본의 화폐 제도를 한국에 그대로 도입하고 당시의 조선 화폐인 백동화와 상평통보(엽전)를 일본제일은행에서 발행한 화폐로 교환한 것. 이때 사전에 정보를 입수한 일본인들은 미리 대처하였지만, 조선 상인들과 민족 자본으로 설립된 은행들은 정보 부족으로 큰 피해를 입었다.

한편 일본은 러·일 전쟁 도중인 1905년 2월에 우리 땅 독도를 다케시마(竹島(죽도))라는 이름으로 변경하여 자기 나라 땅으로 편입하는 만행을 저질렀다. 이때 대한제국은 변변한 항의 한 번 하지 못했다. 그래서 독도는 역사적으로 우리 땅임이 분명한데도 일본이 아직까지 자기들 땅이라고 우기는 빌미를 만들어 주었다. 허! 안타까운지고!

일본은 대외적으로도 바삐 움직였다. 러·일 전쟁에서 자기들의 승리가 확실해지자 미국, 영국과 잇달아 비밀협약을 체결

하여 한반도 지배권을 한층 공고하게 했다.

1905년 7월에 미국과 가쓰라-태프트 밀약을 맺었는데, 이 조약에서 일본은 자신들의 한반도 독점 지배를 인정받은 대신에 미국의 필리핀 지배를 인정해 주었다.

8월에는 영국과 제2차 영·일 동맹을 체결했다. 여기서도 일본은 영국의 인도 지배를 묵인해 준 대신에 자신들의 한반도 지배권을 인정받았다.

9월에는 미국의 중재하에 미국 땅에 있는 포츠머스에서 일본과 러시아 대표가 만나 러·일 전쟁에 종지부를 찍는 포츠머스 조약을 체결하였다. 이 조약으로 러시아는 한반도에서 완전히 손을 떼었다.

일본은 이처럼 여러 조약을 잇달아 체결하며 국제 사회에 '한반도는 일본 땅'이라는 눈도장을 찍을 수 있었다. 이제 일본의 한국 지배에 딴죽을 거는 나라는 눈을 씻고 봐도 찾을 수 없게 되어 버렸다. 아! 안타깝고 안타깝구나! 대한제국 백성들이여!

외교권을 약탈당한 을사늑약

분명히 알아 두어야 할 것이 있다. 1905년 대한제국의 외교권을 일본이 강탈해 가기 위해 체결한 '을사조약'은 '을사늑약'이라고 표현해야 맞다.

왜냐고? 우선 조약과 늑약의 차이점을 따져 보자.

조약은 나라와 나라가 대등한 입장에서 서로 합의하여 맺은 외교 문서를 말한다. 하지만 1905년 을사년에 맺어진 한·일 간의 약정은 합의와는 거리가 먼, 일본의 강압에 의해

을사조약을 체결한 후에 찍은 기념사진 을사조약 강제 체결의 주역인 이토 히로부미가 앞줄 가운데 양복을 입고 앉아 있다. 참으로 가관이 아닐 수 없다.

우리 정부가 마지못해 응한 협정이었다. 따라서 '억지로 맺은 조약'이라는 뜻에서 '굴레 늑(勒)' 자를 쓴 을사늑약이라 해야 그 성격이 분명해진다.

자! 어떤가?

이래도 아무 생각 없이 을사조약이라고 할 텐가?

포츠머스 조약을 체결하여 러시아와 전쟁을 끝낸 일본 정부는 1905년 11월에 이토 히로부미를 우리나라 땅에 특사로 보냈다. 파견 이유는 대한제국의 외교권을 박탈하기 위해서였다. 이토는 일본 군인들로 궁궐을 포위한 채, 고종 황제와 각부의 대신들을 위협하며 "일본의 중계를 거치지 않고서는 대한제국이 국제적 성질을 가진 조약이나 약속을 맺지 않을 것을 서로 약속한다."와 "대한제국의 외교를 담당하기 위해 한국 황제 폐하 밑에 통감을 둔다."를 핵심 조항으로 하는 조약 체결을 강요

했다.

참정대신(총리대신) 한규설, 탁지부대신 민영기가 "그럴 수는 없다."라며 강하게 반발했다. 이토는 군인들로 하여금 그들을 밖으로 끌어내게 한 후, 미리 자기편으로 만들어 놓은 외부대신 박제순, 내부대신 이지용, 군부대신 이근택, 학부대신 이완용, 농상공부대신 권중현의 동의를 받아 조약을 체결했다. 여기에 조약 체결자를 일일이 적어 놓은 이유는 이들이 우리나라를 일본에 팔아먹은 주역들이기 때문이다. 사람들은 이들을 '을사 5적'39)이라고 부른다.

고종 황제는 주권국가로서 국제적 지위 말살을 뜻하는 이 조약에 서명하지 않고 끝까지 반발했다. 이게 무슨 의미가 있느냐고? 대한제국은 황제가 나라를 다스리는 전제군주 국가였다. 따라서 황제만이 외국과 조약을 체결할 수 있었다. 1899년에 제정된 대한국 국제에 다음과 같은 조항이 들어 있다.

39) **을사 5적** 여기에 빠진 법부대신 이하영은 초기에 반대하다가 나중에 찬성으로 돌아서 버렸다. 8명 가운데 친일을 끝내 거부한 사람은 한규설 하나뿐이고, 민영기는 을사늑약에는 반대했지만 국권 피탈 후에는 일제에 협력했다.

"제9조 대한제국의 주권은 대한제국 황제에게 있으며, 황제는 조약 체결권을 갖고 있다."

그런데 을사늑약은 분명히 고종 황제가 체결하지도 동의하지도 않았다. 따라서 이 조약은 원천적으로 무효이다.

그런데도 일본은 조약 체결을 선언한 후에 이토 히로부미를 초대 통감으로 하는 통감부를 설치하여 대한제국의 외교를 전담하게 했다. 그러면서 대한제국을 자기들의 '보호국'으로 삼았다. '을사보호조약'은 일본 입장에서 을사늑약을 표현한 말로, 일본이 조선을 보호한다는 뜻이니 참으로 소가 웃을 일이다. 왜냐하면 '보호국'은 외교권을 빼앗고 사실상 식민지로 삼기 위한 전략이었기 때문이다.

이러한 일본의 몰상식한 행동에 우리 민족은 크게 분노했다. 많은 사람들이 거리로 뛰쳐나와 늑대 같은 일본을 규탄하면서 조약 체결을 반대하는 시위를 벌였다.

당시 우리나라 사람들이 많이 보던 신문으로 「황성신문」이 있었다. 이 신문사의 주필로 있던 장지연은 "시일야방성대곡

날에 목 놓아 통곡한다)"이라는 논설을 신문에 발표하여 을사늑약 체결에 분통을 터뜨렸다. 전 의정부대신 조병세는 상소를 올렸으며, 고종 황제의 비서관이었던 시종무관 민영환은 목숨을 끊으며 울분을 토해 냈다.

한편 최익현·민종식·신돌석과 같은 사람들은 의병을 일으켰고, 나철·오기호는 을사 5적 암살단을 조직하여 5적들의 집을 불태우고 친일파 단체인 일진회를 습격했다.

하지만 안타깝게도 을사늑약은 철회되지 않았다. 일본은 통감부를 통해 대한제국의 외교는 물론이고 내정간섭까지 하면서 자기들의 의도대로 야금야금 우리 땅을 식민지로 만들어 갔다.

'을씨년스럽다'의 유래

국어사전에서 '을씨년스럽다'를 찾아보면 다음과 같이 나온다.

1. 보기에 날씨나 분위기 따위가 몹시 스산하고 쓸쓸한 데가 있다.
2. 보기에 살림이 매우 가난한 데가 있다.

그런데 이 말이 나타난 배경에는 을사늑약이 있다. 즉, '을씨년'은 '을사년'이 변한 것으로, 여기서 을사년은 일제가 우리의 외교권을 빼앗아 간 1905년을 말한다.

1905년에 을사늑약 체결로 우리 민족의 자존심은 땅에 떨어졌는데, 이 사건을 치욕으로 생각한 사람들이 마음이나 날씨가 어수선하고 흐린 것을 '을사년스럽다'고 말했고, 이 말이 사람들의 입에 자주 오르내리며 지금의 '을씨년스럽다'로 정착되었다.

식민지로 전락하다

5명의 배신자들이 을사늑약을 체결했다는 소식을 들은 고종 황제는 크게 반발했다. 일본이 조약 체결 사실을 일방적으로 발표하자, 고종 황제는 서둘러 황실 고문으로 있던 헐버트에게 비밀 편지를 보냈다.

"짐은 총칼의 위협과 강요 아래 최근 한·일 간에 체결된 이른바 보호 조약이 무효임을 선언한다. 짐은 이에 동의한 적도 없고 금후에도 결코 아니할 것이다. 이 뜻을 미국 정부에 전달하기 바란다."

을사늑약은 자신의 동의 없이 체결된 것이니, 조약 자체가 무효라는 얘기였다. 아울러 미국 정부가 이 사실을 알고 조선에 도움이 될 수 있는 일을 해 달라는 요청이었다.

헐버트는 이 편지를 미국 정부에 전달하면서 1882년에 체결한 조·미수호조규에 따라 한·일 사이에서 거중 조정40)을 해 달라고 부탁했다. 하지만 미국 정부는 아무 조치도 취하지

40) **거중 조정** 국제기구, 국가, 개인 등의 제삼자가 국제 분쟁을 일으킨 당사국 사이에 끼어 분쟁을 평화롭게 해결하는 일.

않았다. 조·미수호조규에는 양국 간에 중차대한 일이 발생할 경우에 거중 조정을 해 준다는 조항이 분명히 있었다. 따라서 미국은 조선의 요청을 들어주는 것이 마땅했다.

그럼에도 불구하고 미국이 손가락 하나 꿈쩍하지 않은 데에는 다 이유가 있었다. 을사늑약 체결 직전에 일본으로부터 필리핀 지배를 인정받는 대가로 미국은 일본의 한반도 지배를 승인해 준 것이다. 이것 참, 배신도 이런 배신이 없다. 거중 조정을 해 달라고 최혜국 대우까지 해 주었더니, 정작 필요할 때는 나 몰라라 한 것이 당시의 미국이었다.

역사가 필요한 이유는 과거의 사건이나 사실 속에서 현재와 미래를 사는 지혜를 찾을 수 있기 때문이다. 미국이 을사늑약 체결 당시 우리에게 했던 일들을 보면, 외교에는 영원한 적도 영원한 친구도 없다는 교훈을 얻을 수 있다. 미국이 현재 우리의 친구 국가라고 해서 앞으로도 영원히 우리의 친한 친구일 것이라는 믿음은 환상에 불과하다. 나라와 나라 간 외교는 자기

나라에 이익이 있어야 성립된다. 도움이 되지 못하거나 더 이익이 되는 곳이 있으면 등을 돌리는 것이 냉엄한 현실이다. 머릿속에 꼭 명심해 놓을 일이다.

자! 다시 근대사의 현장으로 들어가 보자.

고종 황제는 1907년 4월에 네덜란드 헤이그에서 열리는 만국평화회의에 일본 몰래 대표단을 파견했다. 이상설·이준·이위종 세 사람의 특사를 파견하여 을사늑약 체결의 부당성을 세계 여론에 호소하려 했다. 하지만 이 일도 실패로 돌아가고 말았다. 세 명의 특사가 고군분투했으나, 일본의 방해로 성과를 거두지 못했다.

고종과 순종 앉은 이가 고종이다. 헤이그 특사 파견을 빌미 삼아 일본은 고종을 강제로 퇴위시켰다.

오히려 일본은 특사 파견을 꼬투리 삼아 고종 황제를 자리에서 끌어내렸다. 그러고는 새로 왕이 된 순종과 한·일 신협약(정미 7조약)을 맺어 군대마저 해산시켜 버렸다.

1909년에는 '기유각서'를 체결하여 사법권과 감옥 사무 처리권을 박탈하였고 경찰권마저 자기들 손아귀에 넣었다. 그 후 우리 민족이 더 이상 저항할 힘을 잃어버리자 대한제국의 총리대신 이완용과 데라우치 통감으로 하여금 한·일 병합 조약을 체결하게 했다. 이때가 1910년 8월 22일이다. 이로써 우리 민족은 일본의 식민지로 전락하고 말았다.

이성계가 1392년에 세운 조선왕조가 519년 만에 문을 닫으면서 우리 민족은 일본이 설치한 조선 총독부 밑에서 36년 동안 식민지 생활을 해야 했다. 아! 슬픈 조선의 운명이여! 대한 제국의 운명이여!

더욱 기가 찬 노릇은 송병준, 이용구와 같은 우리나라 사람들로 조직된 일진회가 친일 여론을 확산시키고 한·일 합방 청원서를 일본 정부에 제출하는 등 나라를 팔아먹는 데 앞장섰다는 것이다. 원 세상에, 이런 나쁜 놈들이 있나?

이대로 나라를
빼앗길 수는 없다

일제의 침탈 야욕을 두고 볼 수 없었던 사람들이 의병을 조직하여 팔을 걷어붙이고 싸움에 나섰다. 항일 의병 운동은 을미년인 1895년부터 시작되었다. 명성황후 시해 사건과 단발령 실시가 있던 해였다.

'충'과 '효'를 근본으로 하는 성리학 정신에 충만해 있던 유학자들에게 국모인 명성황후 살해와 단발령 실시는 도저히 있을 수 없는 사건이었다. 특히 부모에게 물려받은 머리카락을 자

명성황후로 추정되는 조선 여인

르라는 단발령의 공포는 전국에 있는 유생들을 크게 자극했다. 이러한 상황에서 제천에서는 유인석이 의병을 조직하여 일본군 400명과 관군들을 물리치고 한때나마 충주성을 점령할 정도로 기세를 떨쳤다. 또한 춘천에서는 이소응이 의병 부대를 조직하여 일본 세력을 우리 땅에서 몰아내려 했다.

하지만 을미 의병은 성리학을 신봉하는 양반들이 주도한 보수적 성격의 의병 운동이라는 한계를 가지고 있었다. 아관파천 이후 단발령 실시가 중단되면서 고종 임금이 "이제 그만하면 되었다."라는 해산 권고 조치를 내리자 자진하여 해산했다.

한편 을미 의병에는 동학농민운동이 실패로 돌아간 이후 뿔뿔이 흩어진 농민군 중 일부가 적극적으로 가담했다. 이들 중 일부는 의병 해산 이후에도 활빈당, 영학당과 같은 조직을 만들어서 친일파나 탐관오리, 일본 상인들의 재산을 빼앗아 어려운 사람들에게 나누어 주는 등 반봉건, 반외세 투쟁을 지속해 나갔다.

을미 의병이 수그러든 이후 한동안 잠잠했던 의병 운동은 1905년 을사늑약을 계기로 다시 한 번 활화산처럼 불타올랐다. 사람들은 늑약 체결 소식에 분노하며 다양한 방법으로 조약 폐기에 나섰다.

서울의 상인들은 상점 문을 닫아걸었으며, 시종무관장 민영환은 조약 체결의 부당성을 알리는 상소를 올렸으나 받아들여지지 않자 스스로 목숨을 끊었다. 조병세, 이명제 등 전·현직 관리와 유생들이 연일 상소문을 올리며 항의 대열에 동참했으며, 나철과 오기호는 을사 5적 암살단을 조직하여 친일파 처단에 앞장섰다.

이러한 투쟁들이 전국 각지에서 전개되었는데, 이 중에서 가장 적극적인 항일 운동은 의병 운동이었다.

전 참판 민종식은 충청도 홍주성에서 의병을 일으켰으며, 대쪽 같은 선비였던 최익현은 74세의 늙은 몸을 이끌고 전라도 태인에서 군사를 일으켜 순창에서 본격적으로 싸울 준비를 했다. 그러나 최익현의 예상과는 달리 일본군이 아닌 우리 관군이 싸우러 오자 그는 "너희들이 왜군이라면 즉각 싸우겠지만, 동족끼리 죽이는 일은 차마 못하겠다."라고 하면서 스스로 부대를 해산하고 순순히 관군에 붙잡혔다.

일본은 조선 침탈에 가장 걸림돌이 되는 사람으로 최익현을 지목하고 있었기에, 그가 붙잡히자 곧바로 대마도로 유배를 보내 버렸다. 최익현은 대마도로 가는 길에 일본 흙은 밟지 않겠다며 신발 속에 우리 흙을 넣어 갔고, 대마도에서는 우리 땅에서 가져간 한 동이 물만 마시며 단식 투쟁을 하다가 결국 그곳에서 숨을 거두었다.

한편 을사 의병 때는 평민 출신 의병장도 나타났다. 경상북도 울진군 평해면에서 의병을 일으킨 신돌석이 그 주인공으로, 100여 명의 사람들을 모아 지역민들의 비밀스런 지원 속에 수많은 전과를 올렸다. 돌석은 산을 탈 때 나는 호랑이와 같다고 하여 '태백산 호랑이'로 불렸으며, 신돌석 이후 평민 의병장들이 다수 출현해서 항일 투쟁에 나섰다.

을사늑약 체결로 본격화된 항일 의병은 1907년 8월에 전격적으로 단행된 군대 해산이 계기가 되어 새로운 국면을 맞이

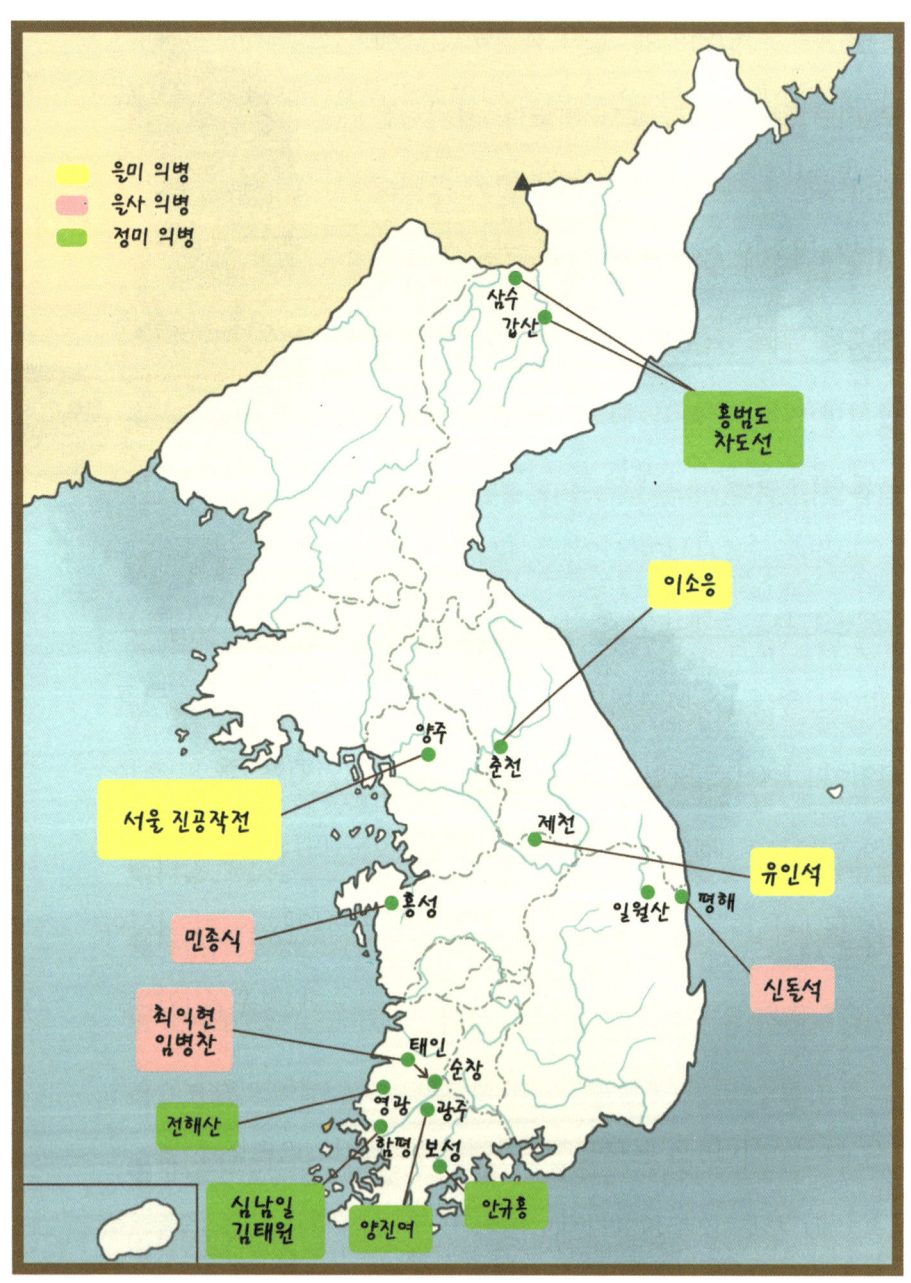

항일 의병 운동

했다. 한·일 신협약이 체결되며 군대가 해산되자 시위대 보병 연대 제1대대장으로 있던 박승환은 울분을 참지 못하고 권총으로 자결하였으며, 대장의 자살 소식을 들은 시위대 군인들은 무기고를 습격하여 무장하고 일본군과 시가전을 벌였다. 원주, 홍주, 진주의 진위대들도 시위대의 항일 투쟁에 동조하여 일본군과 싸움에 나섰다.

사실 그 전까지만 해도 시위대와 진위대 군인들은 친일 내각의 꼭두각시처럼 의병 진압에 앞장섰다. 그러다가 군대 해산을 계기로 일제에 맞서 저항하기 시작한 것이다. 이들의 의병 부대 합류로 의병 투쟁은 이제 운동의 차원을 넘어 전쟁으로 확대되어 갔다.

1907년부터 우리 땅이 일제의 식민지가 되는 1910년까지의 의병들을 정미 의병이라 한다. 그 이유는 1907년이 정미년이었고 이때부터 전국 각지에서 의병들이 들고일어섰기 때문이다. 정미 의병에는 유생, 농민, 해산 군인, 포수, 노동자, 상인, 승려 등 각계각층의 사람들이 참여했으며, 다수의 평민 의병장이 활동했다. 신돌석, 홍범도가 대표적이다.

그런데 의병 운동에도 민망하고 씁쓰레한 사실이 하나 있다. 나라가 멸망 일보직전이었음에도 불구하고 양반 의병장들은 자기들과는 격이 다르다며 평민 의병장을 소 닭 보듯 했다는 것이다.

전국 각지에서 항일 의병 운동이 벌어지자 사기가 올라간 의병들은 이인영 의병장의 주도로 13도 연합 의병을 결성하여 서울 진공 작전을 전개했다.

강원도를 활동 무대 삼아 항일 투쟁을 했던 이인영이 다른 의병장들에게 편지를 보냈다. 전국에 흩어져서 활동하는 의병들을 한데 모아 이 땅에서 왜놈들을 몰아내기 위해 서울로 쳐들어가자는 제안이었다. 그러면서 서울의 동쪽 외각지대인 양주로 모이라고 했다.

전국 각지에서 약 1만여 명의 의병이 양주 땅으로 집결했다. 이 중에는 평민 의병장이 데리고 온 의병들도 있었는데, 양반 의병장들은 평민 의병장의 신분이 자기들과 다르다며 의병장 대접을 하지 않으려 했다. 이러한 갈등 속에 당시 최대 규모로 의병을 이끌고 있던 신돌석은 작전 참가를 포기하고 자신의 활동지인 일월산으로 되돌아가 버렸다.

이것 참, 백척간두에 놓인 나라를 구하는데 평민이면 어떻고 양반이면 어떠하랴. 고작 신분 때문에 한데 뭉치지 못하다니 복장이 터진다.

아무튼 양주에 집결한 1만여 명의 의병들은 '13도 창의군'을 결성하여 총대장으로 이인영을, 군사장으로 허위를 뽑아 서울 진공 작전을 구체화했다. 우선 서울에 있는 각국 영사관에 자신들을 국제법상 전쟁을 하는 조직으로 인정해 줄 것을 요구하는 편지를 보냈다. 그런 뒤 선발대 3백여 명을 투입해 1907년 12월에 동대문 밖 30리까지 진격했다. 그러나 일본군의 강력한 화력 앞에 더 이상 전진하지 못하고 후퇴해야 했다. 여기에 설상가상으로 총대장인 이인영이 부친상을 당하자 "불효는 곧 불충이다. 불효자가 어찌 나라를 구하겠는가?"라는 명언 아닌 명언을 남기고 아버지 장례식을 치르기 위해 고향인 문경 땅으로 돌아가 버렸다. 군사장인 허위가 중심이 되어 일본군을 상대로 총력전을 펼쳤으나, 일본군의 화력 우위를 극복하지 못하고 무릎을 꿇고 말았다. 결국 의병들은 뿔뿔이 흩어져 고향으로 돌아가야 했다.

여기서 진지하게 생각해 볼 것이 하나 있다. 바로 유생들의 봉건적 사고방식이다. 아무리 효도가 중요하다지만 어떻게 위기에 빠진 나라를 구하기 위해 전쟁을 하러 나선 사람이, 그것도 전국에서 모인 의병들의 총대장으로 추대된 사람이 아버지가 돌아가셨다고 일생일대의 대접전을 앞두고 나 몰라라 고향 집으로 가 버릴 수 있을까? 과연 그 부대가 온전하게 전쟁을 할 수 있었을까? 한숨이 나오는 일이 아닐 수 없다.

서울 진공 작전 실패로 정미 의병은 실패하는 듯했다. 그러나 이것이 끝은 아니었다. 비록 13도 창의군은 성과 없이 해산되고 말았지만, 아직 전국 각지에는 평민 의병장들이 주축이 된 의병 부대들이 남아 있었다. 이들은 명분보다는 실리 위

의병 처형 의병 활동을 하다가 일본군에 붙잡혀 처형을 당하는 대한제국 백성들.

주로 병력을 운용하며 소규모 유격전을 전개하여 일본군을 끈질기게 괴롭혔다. 특히 전라도 지역은 1908년 이후 의병 운동이 가장 활발한 곳이었다. 몰락한 양반 출신으로 의병을 이끌었던 전해산, 남한 제일의 의병 부대가 되겠다며 이름을 '남일 (南一)'로 바꾸기까지 했던 심수택, 머슴 출신 의병장인 안규홍 등이 일본군과 친일파, 악질 부호들을 처단하면서 가슴이 멍들 대로 멍들어 있던 우리 민족의 한을 풀어 주었다.

여기서 잠깐! 의병들이 이처럼 활개를 치는데도 일본이 가만히 있었을까? 물론 아니었다. 일본은 전라도 의병들을 그냥 놔두고는 한반도를 맘대로 할 수 없다고 판단했다. 그래서 1909년 9월부터 약 2개월 동안 호남 의병을 진압하기 위한 대규모 작전을 전라도 땅에서 펼쳤다. 이를 '남한 대토벌 작전'이라 한다. 2천여 명의 군인을 투입하고 현지에 있던 헌병, 경찰까지 총동원하여 전라도 일대 의병들을 그물로 물고기 잡듯이 싹쓸이했다. 이 작전으로 의병의 주 활동 지역이었던 전라도는 초토화되면서 많은 의병들이 일제의 손에 죽거나 붙들렸다. 심수택, 안규홍 같은 의병장들도 이 작전의 와중에 일본 군인들에게 붙잡혀 대구 감옥에서 옥살이를 하다가 죽음을 맞았다.

살아남은 의병들은 일제의 탄압을 피해 만주나 연해주로 이동해야 했으며, 이국에서 금수강산인 한반도가 일본의 식민지가 되는 것을 지켜보며 독립 운동을 할 수밖에 없었다.

정미 의병장들 일제의 남한 대토벌 작전에 맞서 싸우다 체포되어 대구 감옥에 수감 중인 모습이다.

일제의 앞잡이를 처단하라

일제의 침략에 맞서 의병들이 전국 곳곳에서 투쟁하고 있을 때, 일제의 앞잡이들을 처단하는 행위가 세계 도처에서 일어나고 있었다.

1908년 미국의 샌프란시스코에서 스티븐스가 한국 사람이 쏜 총에 맞아 죽었다.

1904년 일본이 대한제국의 외교 고문으로 임명한 스티븐스는 국제 사회에 일본의 한반도 침략을 정당화했던 자이다. 그는 1908년 미국의 귀국 기자회견장에서 "일제의 보호 정치를 한국 사람들은 좋아한다."라는 얼토당토않은 말을 해서 우리 동포들을 분노하게 했다.

전명운이 이 사람을 샌프란시스코 오클랜드 역에서 저격하려 했으나 총탄이 발사되지 않아 실패했다. 하지만 우연의 일치인지 같은 시각에 오클랜드 역에는 장인환이 같은 이유로 역사 안에 있었다. 장인환 또한 스티븐스를 보자 총을 겨눴다. 세 발의 총알이 날아가 스티븐스를 즉사시켰다.

전명운과 장인환이 사전에 함께 암살 계획을 했느냐고? 아니다. 둘은 전혀 모르는 사이로, 단지 스티븐스가 오클랜드 역에 온다는 소식을 듣고 역에서 기다리고 있다가 스티븐스가 보이자 거의 동시에 총을 빼 들었던 것이다.

한편 만주 하얼빈에서는 안중근 의사(義士)가 우리나라 침략의 원흉 이토 히로부미를 1909년 10월 26일에 저격했다. 안 의사는 을사늑약이 체결되자 애국 계몽 운동에 뛰어들어 대동강 하류에 있는 포구인 증남포의 돈의학교를 인수하여 인재 양성에 나섰다.

하지만 1907년 국운이 날로 쇠하자, 애국 계몽 운동으로는 일본 놈들을 우리 땅에서 쫓아낼 수 없다고 생각했다. 그래서 러시아 연해주로 옮겨 가 의병 운동에 투신했다. 이 시기에 두만강 하류 건너편에 있던 국경 마을 연추리41)에서 동지 11명과 함께 왼손 네 번째 손가락의 첫째 마디를 잘라, 흐르는 피로 태극기 위에 '대한 독립'을 쓰면서 항일 투쟁을 결의했다.

이처럼 굳은 맹세를 했던 안중근 의사에게 절호의 기회가 찾아 왔다. 을사늑약 체결의 주역이자 한반도 침략의 원흉인 이토 히로부미가 러시아 재정대신 코코프체프와 만주 및 한반도 문제를 협의하기 위해 하얼빈에 온다는 소식이 전해진 것이다. 이 소식을 들은 안 의사는 블라디보스토크에서 시베리아 횡단 열차를 타고 하얼빈으로 가서 대기하고 있다가 이토가 열차에서 내리자마자 곧바로 달려들어

41) **연추리** 현재 러시아 연해주 크라스키노 지역에 있었던 대표적인 한인 마을로, 러시아어로 '얀치헤'라고 불렸으며 구한말 연해주 의병 운동의 중심지였다.

안중근 의사가 단지 동맹을 결의한 태극기

한민족의 이름으로 처단하였다.

거사 직후 안 의사는 하얼빈 역에서 러시아 군인들에게 붙잡혀 유치장에 갇혔다가, 간단한 조사 후에 바로 일본에 넘겨졌다. 일본은 안 의사를 랴오둥반도 끝에 있는 항구 도시 뤼순의 감옥으로 옮겼으며, 이곳에서 장시간 조사를 한 후에 형식적인 재판을 거쳐 사형 판결을 내렸다.

재판 중에 안 의사는 "나는 대한의군의 참모중장이다."라고 하면서 자신을 전쟁 포로로 인정해 달라고 했다. 그러면서 이토 히로부미를 죽인 이유는 그가 우리나라의 주권을 침탈하고 동양 평화에 해가 되었기 때문이라며 자신은 무죄라고 재판이 끝날 때까지 당당하게 주장했다. 하지만 일본인 재판관은 안중근 의사를 단순 살해범으로 취급하여 사형을 선고하고 말았다.

결국 안 의사는 이듬해인 1910년 3월 26일 뤼순 감옥 사형장에서 일생을 마쳤다. 한편 국내에서는 1909년 12월에 이재명이 명동성당에서 예배를 보고 나오던 이완용을 칼로 찔러 중상을 입히기도 했다.

이처럼 국내외에서는 일제 침탈을 저지하기 위한 의사나 열사들의 투쟁이 거세게 일어나 일본 사람들의 간담을 서늘하게 했다.

여기서 잠시 생각해 볼 것이 있다. 일부 사람들은 안중근 의사나 장인환 의사를 테러리스트라고 말하기도 한다. '테러'의 정의는 내리는 사람마다 제각각이지만 일반적으로 다음과 같다.

> 정치나 종교, 사상적 목적을 위해 민간인에게 무차별로 폭력을 행사하여 대중의 공포를 조장하는 행위.

과연 안중근 의사나 장인환 의사가 테러리스트일까?

장콩 선생은 아니라고 본다. 왜냐? 안 의사나 장 의사는 죄 없는 민간인들을 인질로 붙잡지 않았으며, 무차별적으로 죽이지도 않았다. 그들은 오직 우리 땅을 침탈하는 데 혈안이 된 침략자들만 상대했다. 특히 안 의사는 거사를 치른 후에 당당하게

'대한독립 만세'를 외쳤으며, 조사를 받는 과정에서도 자신의 거사 이유를 논리정연하게 설명했다. 죽음 또한 의연하게 받아들였다. 이러한 예로 보았을 때, 안중근 의사나 장인환 의사를 단순한 테러리스트라고 말할 수는 없다.

안타깝게도 나라와 민족을 위해 절개를 굳게 지킨 의로운 사람들의 장렬한 투쟁도 일제의 침략으로부터 우리 땅을 지킬 수 없었다. 일개 개인의 희생이 속수무책으로 무너져 가는 나라 전체를 살리기에는 역부족이었던 것이다.

 **역사 그루터기**

안중근 의사를 추모합니다

1910년, 3월 26일 랴오둥반도의 끝에 위치한 뤼순에는 봄비가 주룩주룩 내렸답니다.

하늘도 슬펐나 봅니다.

안중근 의사는 아침 일찍 일어나 심호흡을 깊이 한 후 자리를 정돈하고 명상에 잠겼습니다.

세상과 이별을 해야 할 날이 되었습니다.

1909년 10월 26일 오전 9시 30분 하얼빈 역에서 이토 히로부미를 처단하고 체포된 지 152일째 되는 날이었습니다.

형 집행 시각은 오전 10시, 장소는 뤼순 감옥 내 형장.

안 의사는 고향의 어머니가 눈물로 지어 보낸 옷으로 갈아입고 간수 4명의 호위를 받으며 형장으로 향했습니다.

역사 그루터기

조선 명주로 만든 흰 저고리, 검정색 비단 바지에 흰 두루마기 차림이었습니다. 집행 전 교도소장이 "유언이 있느냐."라고 묻자, 안 의사는 "유언은 없으나 단지 내 거사는 동양 평화를 위한 것이므로 내가 죽은 후 한·일 양국이 일치단결, 동양 평화를 꾀하기 바란다."라고 말했습니다.

간수가 종이 두 장을 접어 안 의사의 눈을 가리고 그 위에 다시 흰 베를 둘렀습니다. 안 의사는 수 분간 말없이 기도를 올린 후 간수의 부축을 받아 교수대에 올랐습니다.

곧이어 형이 집행됐고 10시 15분경 안 의사는 완전히 숨이 끊어졌습니다.

유해는 이날 오후 빗속에서 감옥 밖 공동묘지로 옮겨져 매장되었습니다.

안 의사는 동생들에게 "유골은 하얼빈 공원 묘지에 묻었다가 국권 회복 후 고국으로 옮겨 달라."라고 유언했답니다.

하지만 그의 유골은 일제가 강제 매장한 감옥 북편에 있는 공동묘지 자리 어딘가에 아직도 잠들어 있습니다.

32세의 젊은 나이에 안 의사는 부인과 2남 1녀를 남기고 그렇게 가셨습니다.

죽음에도 급이 있다면 안 의사는 특급일겁니다.

이 글을 읽는 당신이 죽는다면 당신의 등급은 몇 급일까요.

좋은 급을 맞고 싶으세요.

선뜻 고개가 끄덕여지지 않는다고요.

등급은 낮아도 편하고 개인적인 삶, 자신의 이익과 가문의 영광을 위해서라면 물불을 가리지 않고 살아가는 그런 삶이 더 현명하다고 생각하는 것은 아닌가요.

저 또한 그런 삶을 살고 있는 것 같아 뒤통수가 가렵습니다.
그러나 분명한 것은 안 의사와 같은 사람이 있었기에 우리가 이 땅에서 맘 편히 살아간다는 것입니다.
잊어선 안 되겠지요.

죽음에도
급이 있다면
당신은
특급일 겁니다.

 **역사 그루터기**

3월 26일, 바로 오늘이 안중근 의사가 서거한 날입니다.

안 의사를 추모하면서 오늘만큼은 내가 이 나라 이 겨레를 위해서 어떤 삶을 살 것인가를 한번쯤 생각해 봤으면 합니다.
그리고 지금보다는 좀 더 국가와 민족을 위하는 그런 사람이 되도록 힘썼으면 합니다.
저 또한 그런 사람이 되도록 노력하렵니다.

배워야 산다

애국 계몽 운동은 교육과 산업 발전을 통해 민족의 실력을 길러 나라의 힘을 되살리자는 교육 구국, 경제 구국 운동이다. 을사늑약이 강제로 체결되던 1905년 전후부터 우리 땅이 일제의 식민지로 완전히 예속된 1910년까지 전개되었다.

이 운동의 주역들은 독립협회의 활동을 계승한 진보적 지식인들과 도시민들이었고, 그 시작은 보안회 활동이었다.

일제는 1904년 2월에 일으킨 러·일 전쟁이 자신들에게 유리하게 전개되자, 우리 땅에서 각종 이권을 차지하기 위하여 여러 가지 공작을 펼쳤다. 이때 국토의 약 4분의 1에 해당하는 황무지를 자신들이 개간하겠다고 억지를 부렸다.

진보적인 지식인들이 '보안회'를 결성하여 "국가의 존망이 달린 것이므로 조그마한 땅도 양여할 수 없다. 이러한 우리의 뜻이 관철되면 그날로 해산할 터이나, 그렇지 않으면 목표가 관철될 때까지 성토를 하고 연설운동을 전개하겠다."라고 하면서 들고일어났다. 보안회의 강력한 저항에 깜짝 놀란 일본은 서둘러 자신들의 요구를 거두어들였다.

이후 보안회는 일제의 방해를 받아 해산되었으나, 그 맥은 '헌정연구회'로 이어졌다.

헌정연구회는 '민족의 정치의식 고취'와 '입헌정치 체제 수립'을 목적으로 만든 계몽 단체로, 독립협회 출신의 지식인들이 중심을 이루었다.

1905년 을사늑약이 체결되자 반대 운동을 전개하였으며, 1904년에 만들어진 친일단체 일진회에 맞서 근대 독립국가 건설을 위한 헌정 관련 연구 활동도 활발하게 했다. 그러나 이 단체 또한 을사늑약 체결 이후 조선의 외교권을 강탈하기 위해 설치된 기구인 통감부가 한국인의 정치 활동을 금지함에 따라 1906년 해체되고 말았다.

물론 그렇다고 해서 우리 지식인들이 일제의 해산 조처에 손을 놓고 있었던 것은 아니다. 일제가 거의 반강제적으로 헌정 연구회를 해산시켰지만, 결코 굴하지 않고 한데 뭉쳐서 대한자강회를 만들어 국권 회복 운동을 꾸준히 전개하였다.

대한자강회 회원들은 월간지로 「대한자강회보」를 간행하고 각종 연설회를 개최하면서 국권 회복을 위해 나아갈 방향을 제시하였다. 또한 교육 진흥과 산업 발전을 통한 민족 실력 양성 운동도 적극적으로 추진했다.

하지만 일제는 이 단체 또한 그냥 놔두지 않았다. 1907년 헤이그 특사 파견을 빌미로 일제가 고종 황제를 강제로 퇴위시키자 대한자강회는 고종 황제 양위 반대 운동을 주도하였으며, 한·일 신협약 체결에도 반대하였다.

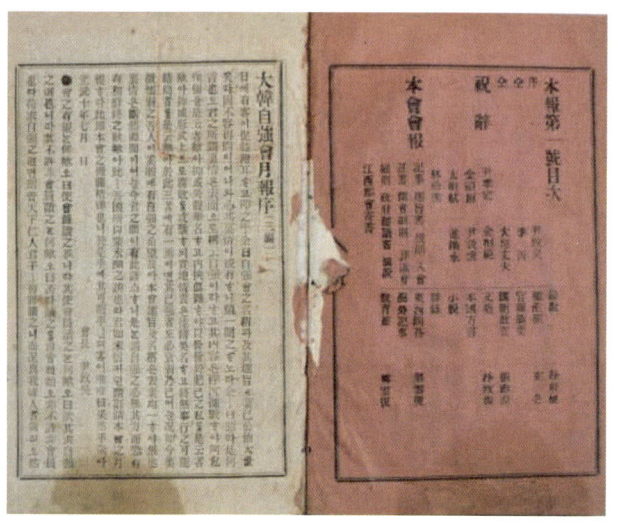

대한자강회 월보 1906년 서울에서 조직되었던 사회 정치단체인 대한자강회의 기관지.

이러한 활동을 아니꼽게 본 통감부는 대한자강회가 서울 시민들을 선동하여 반대 운동을 주도했다는 혐의를 내세워 해산시켜 버렸다. 그러자 다수의 자강회원들은 다시 대한협회 |1907| 를 조직하여 계몽 운동에 나섰다.

그런데 여기서 안타까운 일이 발생하고 말았다. 대한협회는 자신들이 해야 할 일이 무엇인지를 잊어버리고 회장부터 친일파가 되더니, 1910년 우리 땅이 식민지가 될 당시에는 대표적 친일 단체인 일진회와 쌍벽을 이룰 정도로 나라 팔아먹기에 앞장서 버렸다.

1907년에는 애국 계몽 운동 단체가 하나 더 만들어졌다. 그 이름도 유명한 신민회이다.

안창호, 양기탁, 이승훈, 이동휘 등이 주도하여 만든 이 단체는 '국권 회복'과 '공화정체의 근대 국민국가 건설'을 목표로 만들어진 비밀 결사 단체였다. 회원이 8백여 명 정도 되었는데, 일제의 방해를 최대한 피하기 위해서 회원끼리도 서로 모를 정도로 철저히 비밀리에 운영되었다.

신민회 또한 애국 계몽 운동 단체였기에 교육과 산업 발전을 위한 여러 가지 사업을 벌였다. 평양에 대성학교, 정주에 오산학교를 세워 교육 구국 운동을 활발히 전개했으며 태극서관과 도자기 회사를 설립하여 운영하기도 했다.

한편 신민회는 다른 애국 계몽 운동 단체와 뚜렷하게 다른 일을 한 가지 더 했다. 무장 독립 투쟁론자들의 주장을 받아들여 해외에 독립 운동 기지를 건설한 것이다. 만주(서간도)의 삼원보와 소련과 만주의 국경 지대인 밀산부에 땅을 사들여 독립 운동의 중심 기지로 활용했다.

비밀리에 운영했던 조직의 특징 때문에 신민회는 한·일 병합 이후에도 발각되지 않고 운영되었다. 그러나 1911년에 발생한 안악 사건으로 신민회 회원들 다수가 감옥에 들어가면서 결국 해체되고 말았다. 이 사건을 105인 사건이라고 한다.

105인 사건을 구체적으로 설명해 달라고?

1911년에 안중근 의사의 사촌 동생인 안명근이 황해도 안악 지방에서 독립 운동 자금을 모으다가 발각되었는데, 이를 안악 사건이라고 한다. 조선 총독부는 민족 운동을 하는 사람들을 대대적으로 검거하는 데 이 사건을 이용하기 위하여 의도적으로 확대 조작해서 "안명근이 조선 총독인 데라우치를 암살하려 했다."라고 우겨 대며 민족 지도자 105명을 감옥에 가두어 버렸다. 이 사건으로 비밀 조직이었던 신민회의 실체가 드러나면서 조직 자체가 와해되고 말았다.

한편 언론 분야에서도 국권 회복을 위한 노력은 계속되었다.

1896년에 「독립신문」이 순한글로 발행된 이후, 국·한문 혼용 신문과 순한글로 제작된 신문들이 다수 간행되어 민중 계몽에 앞장섰다.

　1898년부터 발간되기 시작한 「황성신문」은 을사늑약이 체결되자 장지연의 "시일야방성대곡"을 신문 사설로 실어 일제의 간담을 서늘하게 했다. 「대한매일신보」는 영국인 신문기자 베델이 발행인으로 있었기에 양기탁, 박은식, 신채호 등과 같은 민족 지도자들이 일제의 방해를 받지 않고 자유롭게 글을 쓰면서 민족의식 고취에 앞장섰다. 특히 「대한매일신보」는 애국 계몽기 때 발간된 대다수 신문이 의병 운동에 비판적이었던 데 반하여 의병 활동에 호의적이어서 그들의 입장을 두둔하는 기사

를 간혹 신문에 실었다. 또한 일제에 우리 정부가 진 빚 1,300만 원을 갚자는 '국채보상운동'이 대구에서 시작되었을 때, 이를 적극 지지하여 신문사를 모금 창구로 이 운동이 전국 각지로 활화산처럼 번지는 데 큰 기여를 했다. 그러나 국채보상운동은 일제가 「대한매일신보」 사장을 맡고 있던 양기탁이 신문사에 성금으로 보내온 돈을 횡령했다는 죄목을 만들어 방해 작전을 펼친 까닭에 기대한 성과를 거두지는 못했다.

이외에도 순한글로 신문을 만들어 부녀자들에게 인기가 있었던 「제국신문」도 있었으며, 천도교에서는 「만세보」를 발간하

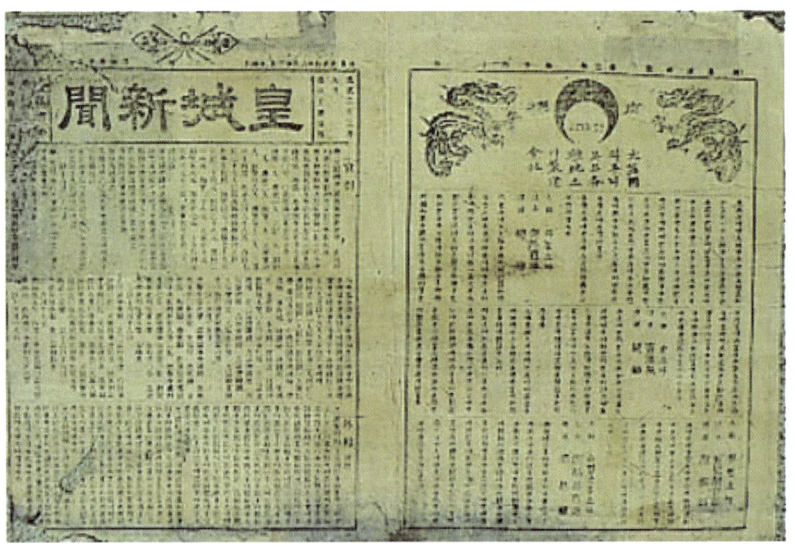

황성신문 1898년 9월 5일에 창간된 일간 신문.

여 민중 계몽과 국권 회복 운동을 확산시키는 데 기여하였다.

이처럼 민중 계몽에 적극적인 다양한 신문들이 발행되자, 일제는 대한제국 정부를 구슬려 1907년에 신문지법을 만들어 감시했다. 그러다가 1910년 우리 땅을 식민지화한 이후로는 식민 정책을 홍보할 수 있는 총독부 기관지로 「대한매일신보」 하나만 남기고 모든 신문들을 일제히 폐간시켜 버렸다.

대한매일신보 1904년 7월 18일 창간되어 1910년 8월 28일 종간된 일간지. 애국 계몽기 때 대표적인 민족 신문이었다.

「대한매일신보」의 변화가 믿기지 않겠지만 사실이다. 일제는 발행인 베델이 죽고 난 이후 1910년에 이 신문을 사들여서 총독부의 기관지로 만들어 버렸다.

한글 신문 보급과 함께 한글 연구 및 보급 활동도 활기를 띠어 지석영, 주시경 등은 국문 연구소를 설립하여 우리글을 체계적으로 정리했다. 특히 주시경은 종전에 상것들이나 쓰는 속된 글이라는 뜻에서 '언문(諺文)'이라 비하했던 우리 글자의 명칭을 한민족의 으뜸 글이라는 뜻을 지닌 '한글'로 변경하여 우리글의 위상을 높임과 동시에 대중 보급에 기여했다.

한편 이 시기에는 민족의식을 지닌 지식인들이 교육을 통한 민족 실력 양성을 위하여 학교 설립에도 적극적으로 뛰어들었다. 보성학교, 서전의숙, 양정의숙, 휘문의숙, 진명여학교, 숙명여학교, 중동학교, 대성학교, 오산학교 등이 애국 계몽기 시절에 우리 민족의 손으로 만들어진 학교들이다. 또한 각 지역에서는 기호흥학회, 호남학회, 서북학회, 관동학회와 같은 학술 연구 단체들이 설립되어 민족의식을 고취할 수 있는 다양한 활동을 전개했다.

역사학 분야에서도 민중 계몽을 위한 노력은 활발하게 이루어졌다.

『이순신전』『을지문덕전』『강감찬전』과 같이 외적의 침략을 막아 낸 민족 영웅들의 이야기가 간행되어 우리 민족이 한마음 한뜻으로 뭉치면 일제의 침략 또한 능히 이겨 낼 수 있다는 자신감과 자주정신을 일깨워 주었다.

여기에 베트남(월남)의 흥망성쇠를 다룬 『월남 망국사』와 이탈리아를 통일하는 데 앞장선 건국 영웅 세 명의 이야기를 쓴 『이태리 건국 삼걸전』을 번역하여 소개함으로써 일제의 침탈로 풍전등화의 위기 상황에 빠진 우리나라 현실을 외국의 국난 극복사에 비추어 생각해 보게 했다.

이 시기에 활동했던 대표적 역사가로 신채호, 박은식이 있었는데, 특히 신채호는 만주와 부여족을 중심으로 우리나라 고대사를 다룬 『독사신론』을 저술하여 민족주의 역사학의 연구 방향을 제시해 주었다.

부록

글을 쓰면서 도움 받은 책

전체적으로 도움 받은 책

노태돈 외 4인, 『시민을 위한 한국역사』, 창작과 비평사, 2001.
교양국사연구회, 『이야기 한국사』, 청아출판사, 1987.
동아, 『세계 대백과 사전』, 1994.
역사신문 편찬위원회, 『역사신문 1·2·3·4』, 사계절, 1996.
역사학연구소, 『교실 밖 국사여행』, 사계절, 1993.
역사학연구소, 『우리역사를 찾아서 1·2』, 심지, 1994.
윤내현 외 2인, 『새로운 한국사』, 삼광출판사, 1992.
윤종배, 『5교시 국사시간』, 역사넷, 2000.
이이화, 『한국사의 주체적 인물들』, 여강, 1994.
이홍직, 『국사 대사전』, 민중서관, 2001.
전국역사교사모임, 『미술로 보는 우리 역사』, 푸른나무, 1992.
정신문화연구원, 『민족문화대백과사전』, 1991.
최규성, 『이야기로 배우는 한국의 역사』, 고려원미디어, 1993.
편사회, 『우리 역사 질문있어요』, 동방미디어, 2001.
한국생활사 편찬위원회, 『한국 생활사 박물관』, 사계절, 2003.

1 「우리 땅에도 역사가 꿈틀꿈틀」을 쓰면서 도움 받은 책

김재원, 『단군신화의 신연구』, 탐구당, 1985.
김준엽, 『역사의 신』, 나남, 1990.
김흥규·윤구병, 『길은 길따라 끝이 없고』, 한샘, 1993.
『단군조선의 실존』, 신원문화사, 1983.
박현, 『한반도가 작아지게 된 역사적 사건 21가지』, 두산 동아, 1997.
『역사에세이』, 시간과 공간사, 1990.
유시민, 『내 머리로 생각하는 역사이야기』, 푸른나무, 2001.
이민수, 『조선전』, 탐구당, 1981.
이선복, 『고고학 이야기』, 가서원, 1996.

이융조, 『한국 선사문화의 연구』, 평민사, 1980.
E.H. 카아, 『역사란 무엇인가』, 탐구당, 1977.
전국역사교사모임, 『우리 역사, 어떻게 가르칠까(상)』, 푸른나무, 1995.
최몽룡, 『재미있는 고고학 여행』, 학연문화사, 1991.
함석헌, 『뜻으로 본 한국역사』, 제일출판사, 1987.

2_「이곳에도 나라, 저곳에도 나라」를 쓰면서 도움 받은 책

김부식, 『삼국사기 Ⅰ·Ⅱ』, 동서문화사, 1978.
김시우, 『가락국 천오백년 잠깨다』, 가락국사적개발연구원, 1994.
성은구(역), 『일본서기』, 정음사.
이주훈, 『한국의 신화』, 일신각, 1983.
일연, 『삼국유사』, 동서문화사, 1978.
허문섭, 『설화 걸작선』, 해누리, 1994.
황패강, 『한국의 신화』, 단대출판부, 1988.

3_「땅따먹기 전쟁의 승자들」을 쓰면서 도움 받은 책

남경태, 『한국사 X파일』, 다림, 1999.
박은봉, 『한국사 100장면』, 가람기획, 1993.
박현, 『100문 100답 한국사 산책』, 백산서당, 1994.
이덕일·이희근, 『우리역사의 수수께끼 1·2』, 김영사, 1999.
전병철, 『팔만대장경도 모르면 빨래판이다』, 내일을 여는 책, 1997.
한국역사연구회 고대사분과, 『한국 고대사 산책』, 역사비평사, 1994.

4_「열정과 신념으로 똘똘 뭉친 사람들」을 쓰면서 도움 받은 책

3장 참고자료와 동일

5 「천 년의 미소, 천 년의 향기」를 쓰면서 도움 받은 책

고제희, 『문화재 비화 상·하』, 돌베개, 1996.
김현준, 『사찰, 그 속에 깃든 의미』, 교보문고, 1994.
류경수, 『우리 옛 건축에 담긴 표정들』, 대원사, 1999.
박성래, 『민족 과학의 뿌리를 찾아서』, 동아출판사, 1991.
박성래, 『한국인의 과학정신』, 평민사, 1993.
성낙주, 『석굴암 그 이념과 미학』, 개마고원, 2003.
신영훈, 『절로 가는 마음』, 책만드는 집, 1994.
신영훈, 『절로 가는 마음 2』, 책만드는 집, 1995.
유홍준, 『나의 문화유산 답사기 1·2·3』, 창작과 비평사, 1997.
이구열, 『한국문화재 수난사』, 돌베개, 1996.
전상운 외 3인, 『한국과학사 이야기 1·2·3』, 스포츠서울, 1990.
진홍섭, 『한국의 불상』, 일지사, 1989.
최완수, 『명찰 순례 1·2·3』, 대원사, 1994.
최정희, 『한국불교전설99』, 우리출판사, 1997.
함인영, 『신라 과학기술의 비밀』, 삶과 꿈, 2002.

6 「고려 주식회사의 경영 실태」를 쓰면서 도움 받은 책

이도학, 『궁예·진훤·왕건과 열정의 시대』, 김영사, 2000.
이이화, 『역사와 민중』, 어문각, 1984.
조동걸 외 2인, 『한국의 역사가와 역사학(하)』, 창작과 비평사, 1995.

7 「고려인의 삶과 예술」을 쓰면서 도움 받은 책

고제희, 『누가 문화재를 벙어리 기생이라 했는가』, 다른세상, 1999.
안정애, 『살아있는 국토 박물관』, 심지, 1994.
윤용이, 『아름다운 우리 도자기』, 학고재, 1996.

한국역사연구회,『고려시대 사람들은 어떻게 살았을까 1·2』, 청년사, 1997.

8 _「성리학과 함께 춤을」을 쓰면서 도움 받은 책
김훈,『칼의 노래』, 생각의 나무, 2003.
남천우,『유물의 재발견』, 정음사, 1987.
『발굴 한국현대사 인물 1』, 한겨레신문사, 1992.
윤사순·고익진,『한국의 사상』, 열음사, 1990.
이이화,『한국의 파벌』, 어문각, 1983.
정광수,『삼가 적을 무찌른 일로 아뢰나이다』, 정신세계사, 1989.
한국역사연구회,『조선시대 사람들은 어떻게 살았을까 1·2』, 청년사, 1996.

9 _「시련 속에서도 삶은 계속되고」를 쓰면서 도움 받은 책
고승제,『다산을 찾아서』, 중앙일보사, 1995.
문순태,『유배지』, 어문각, 1983.
신봉승,『신봉승의 조선사 나들이』, 답게, 1996.
우실하,『전통문화의 구성 원리』, 소나무, 1998.
정약용,『유배지에서 보낸 편지』, 시인사, 1980.
정약용,『작은 산이 큰 산을 가리웠다네』, 청년사, 1994.
조석필,『태백산맥은 없다』, 사람과 산, 1997.

10 _「조선의 문을 두드리는 제국주의 열강들」을 쓰면서 도움 받은 책
강명숙 외,『침탈 그리고 전쟁』, 청년사, 2009.
역사학연구소,『함께 보는 한국근현대사』, 서해문집, 2004.
김인기·조왕호,『청소년을 위한 한국근현대사』, 두리미디어, 2006.
김육훈,『살아있는 한국근현대사교과서』, 휴머니스트, 2007.
김명교,『명사건으로 배우는 한국근현대사』, 은금나라, 2005.

김은석, 『즐거운 한국근현대사 수업』, 살림터, 2009.
강준만, 『한국근대사 산책 1~10』, 인물과사상사, 2008.

11_「조선의 살길, 개화냐 보수냐」를 쓰면서 도움 받은 책

강명숙 외, 『침탈 그리고 전쟁』, 청년사, 2009.
역사학연구소, 『함께 보는 한국근현대사』, 서해문집, 2004.
김인기 · 조왕호, 『청소년을 위한 한국근현대사』, 두리미디어, 2006.
김육훈, 『살아있는 한국근현대사교과서』, 휴머니스트, 2007.
김명교, 『명사건으로 배우는 한국근현대사』, 은금나라, 2005.
김은석, 『즐거운 한국근현대사 수업』, 살림터, 2009.
강준만, 『한국근대사 산책 1~10』, 인물과사상사, 2008.
김은선, 『한국 최초 101장면』, 가람기획 1998.
박천홍, 『매혹의 질주, 근대의 횡단』, 산처럼, 2004.

12_「열강의 침탈 속에 표류하는 조선」을 쓰면서 도움 받은 책

강명숙 외, 『침탈 그리고 전쟁』, 청년사, 2009.
역사학연구소, 『함께 보는 한국근현대사』, 서해문집, 2004.
김인기 · 조왕호, 『청소년을 위한 한국근현대사』, 두리미디어, 2006.
김육훈, 『살아있는 한국근현대사교과서』, 휴머니스트, 2007.
김명교, 『명사건으로 배우는 한국근현대사』, 은금나라, 2005.
김은석, 『즐거운 한국근현대사 수업』, 살림터, 2009.
강준만, 『한국근대사 산책 1~10』, 인물과사상사, 2008.

13_「무너지는 대한제국」을 쓰면서 도움 받은 책

강명숙 외, 『침탈 그리고 전쟁』, 청년사, 2009.

역사학연구소, 『함께 보는 한국근현대사』, 서해문집, 2004.
김인기·조왕호, 『청소년을 위한 한국근현대사』, 두리미디어, 2006.
김육훈, 『살아있는 한국근현대사교과서』, 휴머니스트, 2007.
김명교, 『명사건으로 배우는 한국근현대사』, 은금나라, 2005.
김은석, 『즐거운 한국근현대사 수업』, 살림터, 2009.
강준만, 『한국근대사 산책 1~10』, 인물과사상사, 2008.
김삼웅 외, 『일제 침략사 65장면』, 가람기획, 2005.
허영섭, 『일본, 조선총독부를 세우다』, 채륜, 2010.
박성수, 『알기쉬운 독립운동사』, 국가보훈처, 1995.
신기수, 『한일병합사』, 눈빛, 2009.

역대 왕조 계보

고구려

삼국사기 B.C. 37~668

동명(성)왕 기원전 37~기원전 19 ── 유리왕 기원전 19~기원전 18 ┬ 대무신왕 기원전 18-44 ── 모본왕 48-53
　　　　　　　　　　　　　　　　　　　　　　　　　　　　├ 민중왕 44-48 ┬ 태조왕 53-146
　　　　　　　　　　　　　　　　　　　　　　　　　　　　└ 재사 　　　　├ 차대왕 146-165
　　　　　　　　　　　　　　　　　　　　　　　　　　　　　　　　　　　└ 신대왕 165-179

┬ 고국천왕 179-197
└ 산상왕 197-227 ── 동천왕 227-248 ── 중천왕 248-270 ── 서천왕 270-292

┬ 봉상왕 292-300
└ 돌고 ── 미천왕 300-331 ── 고국원왕 331-371 ┬ 소수림왕 371-384
　　　　　　　　　　　　　　　　　　　　　　　└ 고국양왕 384-391

── 광개토대왕 391-413 ── 장수왕 413-491 ── 조다 ── 문자(명)왕 491-519

┬ 안장왕 519-531
└ 안원왕 531-545 ── 양원왕 545-559 ── 평원왕 559-590 ┬ 영양왕 590-618
　　　　　　　　　　　　　　　　　　　　　　　　　　├ 영류왕 618-642
　　　　　　　　　　　　　　　　　　　　　　　　　　└ 태왕

── 보장왕 642-668

백제

삼국사기 B.C. 18~660

온조왕 ── 다루왕 28~77 ── 기루왕 77~128 ── 개루왕 128~166 ┬── 초고왕 166~214
기원전 18~28   └── 고이왕 234~286

├── 구수왕 214~234   ┬── 사반왕 234
│   └── 비류왕 304~344 ── 근초고왕 346~375 ── 근구수왕 375~384
└── 책계왕 286~298   ── 분서왕 298~304   ── 계왕 344~346

┬── 침류왕 384~385 ── 아신왕 392~405 ── 전지왕 405~420 ── 구이신왕 420~427
└── 진사왕 385~392

└── 비유왕 427~455 ── 개로왕 455~475 ┬── 문주왕 475~477 ── 삼근왕 477~479
                                     └── 곤지   ── 동성왕 479~501

└── 무령왕 501~523 ── 성왕 523~554 ┬── 위덕왕 554~598
                                    └── 혜왕 598~599 ── 법왕 599~600

└── 무왕 600~641 ── 의자왕 641~660 ── 융

역대 왕조 계보

신라

삼국사기 B.C. 57~935

⟨박씨⟩ 7왕

혁거세 기원전 57~4 — 남해 4~24 — 유리 24~57 —┬ 파사 80~112 — 지마 112~134
　　　　　　　　　　　　　　　　　　　　　　└ 일성 134~154 — 아달라 154~184

⟨석씨⟩ 8왕

탈해 57~80 — (구추) — 벌휴 184~196 —┬ (골정) —┬ 조분 230~247
　　　　　　　　　　　　　　　　　　　│　　　　├ 첨해 247~261
　　　　　　　　　　　　　　　　　　　└ (이매) └ 나해 196~230

┬ 유례 284~298
├ (걸숙) — 기림 298~310
└ 우로 — 흘해 310~356

⟨김씨⟩ 37왕

구도 (김알지 5세손) ─┬ 미추 261~284
　　　　　　　　　　├ (말구) — 내물 356~402 —┬ 눌지 417~458 — 자비 458~479
　　　　　　　　　　│　　　　　　　　　　　　└ (습보)
　　　　　　　　　　└ 대서지(김알지 후예) — 실성 402~417

├ 소지 479~500
└ 지증왕 500~514 —┬ 법흥왕 514~540
　　　　　　　　　└ 입종 — 진흥왕 540~576

┬ 동륜 —┬ 진평왕 579~632 — 선덕여왕 632~647
│　　　　└ 국반 — 진덕여왕 647~654
└ 진지왕 576~579 — 용춘(문흥왕) — 무열왕 654~661

— 문무왕 661~681 — 신문왕 681~692 —┬ 효소왕 692~702
　　　　　　　　　　　　　　　　　　└ 성덕왕 702~737

→ ┌ 효성왕 737~742
  └ 경덕왕 742~765 ── 혜공왕 765~780   ── 선덕왕 780~785 (내물 10세손)

             ┌ 인겸 ┬ 소성왕 798~800 ── 애장왕 800~809
             │   ├ 헌덕왕 809~826
             │   ├ 흥덕왕 826~836
             │   └ 충공 ── 민애왕 838~839
원성왕 785~798 (내물 12세손)
             └ 예영 ┬ 헌정 ── 희강왕 836~838
                    └ 균정 ┬ 신무왕 839   ── 문성왕 839~857
                            └ 헌안왕 857~861

┌ 계명 ── 경문왕 861~875 ┬ 헌강왕 875~886 ── 효공왕 897~912
                          ├ 정강왕 886~887
                          └ 진성여왕 887~897

〈박씨〉 3왕   〈김씨〉 1왕

신덕왕 912~917 (아달라 원손) ┬ 경명왕 917~924   경순왕 927~935 (문성왕 6세손)
                              └ 경애왕 924~927

발해

229년, 698~926

고왕 698~719 ── 무왕 719~737 ── 문왕 737~793 ┬ 굉림 ── 성왕 793~794
                                              └ 강왕 794~809 ┬ 정왕 809~812
                                                              ├ 희왕 812~817
                                                              └ 간왕 817~818
            └ 폐왕 원의 793

└ 야발 ── □ ── □ ── □ ── 선왕 818~830 ── 신덕

┌ 왕(이진) 830~857
└ 왕(건황) 857~871 ── 현석 871~894 ── 위해 894~906 ── 인선 906~926

역대 왕조 계보

고려

475년, 918~1392

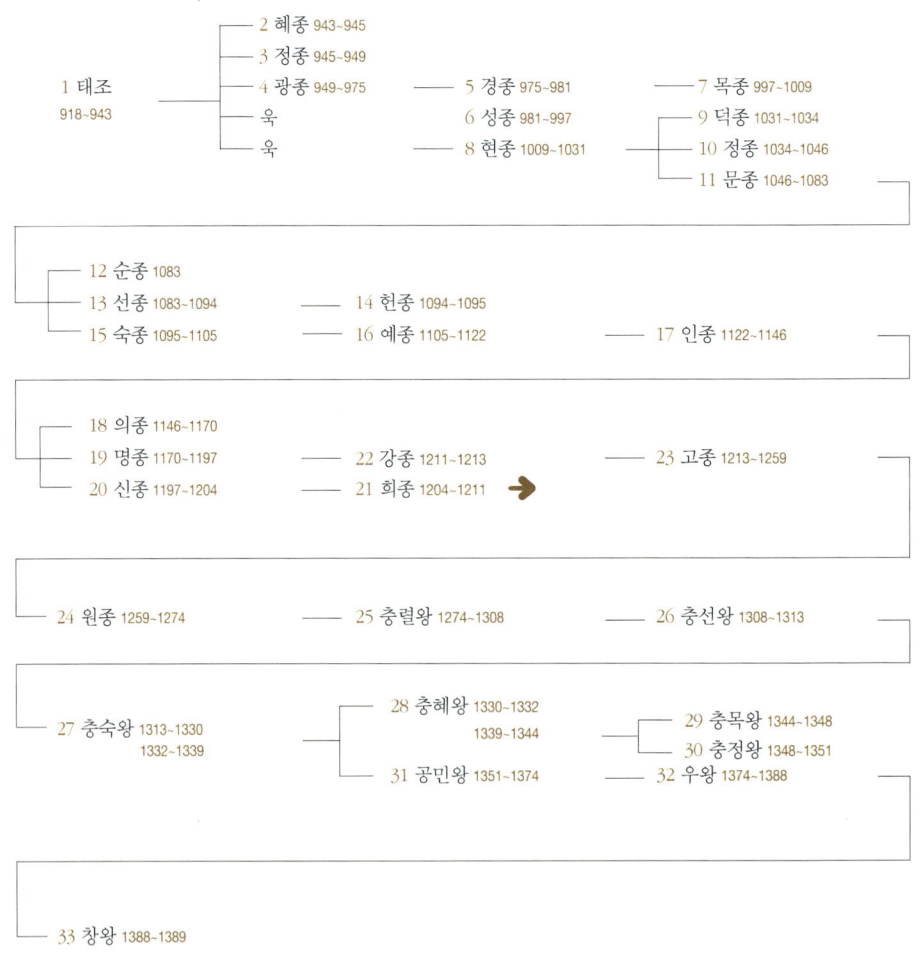

- 1 태조 918~943
  - 2 혜종 943~945
  - 3 정종 945~949
  - 4 광종 949~975
    - 5 경종 975~981
      - 7 목종 997~1009
  - 욱
    - 6 성종 981~997
  - 욱
    - 8 현종 1009~1031
      - 9 덕종 1031~1034
      - 10 정종 1034~1046
      - 11 문종 1046~1083
        - 12 순종 1083
        - 13 선종 1083~1094
          - 14 헌종 1094~1095
        - 15 숙종 1095~1105
          - 16 예종 1105~1122
            - 17 인종 1122~1146
              - 18 의종 1146~1170
              - 19 명종 1170~1197
              - 20 신종 1197~1204
                - 21 희종 1204~1211
                - 22 강종 1211~1213
                  - 23 고종 1213~1259
                    - 24 원종 1259~1274
                      - 25 충렬왕 1274~1308
                        - 26 충선왕 1308~1313
                          - 27 충숙왕 1313~1330, 1332~1339
                            - 28 충혜왕 1330~1332, 1339~1344
                              - 29 충목왕 1344~1348
                              - 30 충정왕 1348~1351
                            - 31 공민왕 1351~1374
                              - 32 우왕 1374~1388
                                - 33 창왕 1388~1389
- 34 공양왕 1389~1392 (신종 7세손)

조선

519년, 1392~1910

연표

세기	우리나라		시대	시대		다른나라	
	연대	주요 사항		중국	서양	연대	주요 사항
B.C.	약 70만 년 전	(구석기 문화)	고대사회	(은)(주)춘추전국	고대사회	3000년경	이집트 문명 시작
	6000년경	(신석기 문화)				2500년경	황허 문명 시작
	2333	단군, 아사달에 도읍 (삼국유사)				1800년경	함무라비 왕, 메소포타미아 통일
						6세기경	석가 탄생
	1000년경	청동기 문화의 전개				551년경	공자 탄생
		고조선의 발전				334	알렉산더 대왕, 동방 원정
	300년경	철기 문화의 보급		진		221	진(秦)의 중국 통일
	194	위만, 고조선의 왕이 됨.				202	한의 건국
	108	고조선 멸망, 한군현 설치				27	로마, 제정 시작
						4	크리스트 탄생
A.D.				한		25	후한의 건국
	194	고구려, 진대법 실시				166	로마 사절 중국에 옴
						220	후한 멸망, 삼국시대 시작
	260	백제(고이왕), 16관등과 공복 제정		삼국시대		280	진(晉)의 중국 통일
300	313	고구려, 낙랑군 멸망시킴				313	로마, 크리스트교 공인
	372	고구려, 불교 전래, 태학 설치				316	5호16국시대
		백제, 동진에 사절을 보냄		진		317	동진의 성립
						325	니케아 종교 회의
	384	백제, 불교 전래				375	게르만 민족, 대이동 개시
400						395	로마 제국, 동서로 분열
	405	백제, 일본에 한학 전함				439	중국, 남북조 성립
	427	고구려, 평양 천도				476	서로마 제국 멸망
	433	나·제동맹 성립				486	프랑크 왕국 건국
500	502	신라, 우경 실시		남북조			
	503	신라, 국호와 왕호를 정함					
	520	신라, 율령 반포, 백관의 공복 제정					
	527	신라, 불교를 공인				529	유스티니아누스 법전 편찬
							몬테 카시노 수도원 창설

연도	한국사	시대		연도	세계사
536	신라, 연호 사용		시대	537	콘스탄티노플의 성 소피아성당 건립
538	백제, 도읍을 사비성으로 옮김	고	수		
545	신라, 국사 편찬			579	마호메트 탄생
552	백제, 일본에 불교 전함			589	수, 중국 통일
612	고구려, 살수 대첩			610	이슬람교 창시
624	고구려, 당으로부터 도교 전래	대		618	당의 건국
645	고구려, 안시성 싸움 승리			622	헤지라(이슬람 기원 원년)
647	신라, 첨성대 건립		중	629	현장, 인도 여행, 대당 서역기를 씀
660	백제 멸망			645	일본, 다이카 개신
668	고구려 멸망			671	당의 의정, 불경을 구하러 인도 여행
676	신라, 삼국 통일				
682	국학을 세움	사			
685	9주 5소경 설치				
698	발해의 건국		당		
722	신라, 정전 지급			712	당, 현종 즉위
751	불국사와 석굴암을 세움		세	755	당, 안사의 난
				771	카롤루스 대제, 프랑크 왕국 통일
788	독서 삼품과 설치				
828	장보고, 청해진 설치	회		829	잉글랜드 왕국 성립
834	백관의 복색제도를 공포			843	베르됭 조약
888	신라, 삼대목 편찬			875	황소의 난
900	견훤, 후백제 건국		사		
901	궁예, 후고구려 건국			907	당 멸망, 오대의 시작
918	왕건, 고려 건국		오	916	거란 건국
926	발해 멸망		대		
935	신라 멸망				
936	고려, 후삼국 통일	중		946	거란 국호를 요라 함
956	노비 안검법 실시			960	송의 건국
958	과거제도 실시			962	오토 1세, 신성 로마 황제 대관
976	전시과 실시	세			
983	전국에 12목 설치, 3성·6부를 정함			987	프랑스, 카페 왕조 시작
992	국자감 설치	사			
996	철전(건원중보)의 주조		회		
1009	강조의 정변		북	1037	셀주크 투르크 제국 건국
1019	귀주 대첩			1054	크리스트교 동서로 분열
		회		1066	노르망디 공 윌리엄, 잉글랜드 정복
				1069	왕안석의 신법
1076	전시과 개정, 관제 개혁				

연도	한국사	시대	중국	연도	세계사
1086	의천, 교장도감을 두고 속장경을 조판	중세사회	송(요)		
1097	주전도감 설치			1095	클레르몽 종교 회의
1102	해동통보 주조			1096	십자군 원정(~1270)
1107	윤관, 여진 정벌			1115	금의 건국
1126	이자겸의 난		(금)	1125	금, 요를 멸망
1135	묘청의 서경 천도 운동		남	1127	북송 멸망, 남송 시작
1145	김부식, 삼국사기 편찬		송		
1170	무신정변			1163	프랑스 노트르담 성당 건축 시작
1179	경대승, 도방 정치				
1196	최충헌 집권		중	1192	일본, 가마쿠라 막부 세움
1198	만적의 난				
1219	몽고와 통교		세	1206	칭기즈칸, 몽고 통일
1231	몽고의 제1차 침입		송	1215	영국, 대헌장 제정
1232	강화 천도				
1234	금속 활자로 상정고금예문 간행				
1236	고려 대장경 새김(~1251)			1241	신성 로마 제국, 한자 동맹 성립
1270	개경으로 환도, 삼별초의 대몽 항쟁			1271	원 제국 성립
				1279	남송 멸망
1274	여·원의 제1차 일본 정벌			1299	마르코 폴로, 동방견문록 출판
1304	안향의 주장으로 국학에 대성전 세움		원	1302	프랑스, 삼부회 성립
				1309	교황, 아비뇽에 유폐
1314	만권당 설치			1321	단테, 신곡 완성
			사	1338	일본, 무로마치 막부 성립
			회		영국·프랑스 백년 전쟁(~1453)
1359	홍건적의 침입(~1361)			1356	황금 문서 발표
1363	문익점, 원에서 목화씨 가져옴.			1368	원 멸망, 명 건국
1376	최영, 왜구 정벌				
1377	최무선의 건의로 화약 무기 제조 (화통도감 설치), 직지심체요절 인쇄				
1388	위화도회군				
1389	박위, 쓰시마 섬 정벌				
1392	고려 멸망, 조선의 건국	근세사회	명		
1394	한양 천도				
1402	호패법의 실시				
1403	주자소 설치			1405	정화의 남해 원정(~1433)
1411	한양에 5부 학당 설치				
1413	조선 8도의 지방 행정 조직을 완성/태조 실록을 편찬				

연도	한국사		연도	세계사
1418	세종 즉위	근		
1420	집현전 확장	세	1429	잔 다르크, 영국군을 격파
1433	4군 설치			
1437	6진 설치		1450	쿠텐베르크, 활판 인쇄술 발명
1441	측우기 제작		1453	비잔틴 제국 멸망
1443	훈민정음 창제		1455	장미 전쟁(~1485)
1446	훈민정음 반포			
1466	직전법 실시		1492	콜럼버스, 아메리카 항로 발견
1469	경국대전 완성		1498	바스코 다 가마, 인도 항로 발견
1510	3포 왜란	사		
1512	임신약조		1517	루터의 종교 개혁
			1519	마젤란, 세계 일주(~1522)
1543	백운동 서원 세움.	근	1524	독일의 농민 전쟁
1554	비변사 설치		1536	칼뱅의 종교 개혁
1555	을묘왜변		1562	위그노 전쟁(~1598)
1582	마리, 제주도 표착	회	1588	영국, 무적 함대 격파
1592	임진왜란, 한산도 대첩		1598	낭트 칙령 발표
1593	행주 대첩			
1608	경기도에 대동법 실시	명	1600	영국, 동인도 회사 설립
1609	일본과 기유약조 체결			
1610	동의보감 완성		1616	후금의 건국
1623	인조 반정	근	1618	독일, 30년 전쟁(~1648)
1624	이괄의 난	대	1628	영국, 권리 청원 제출
1627	정묘호란			
1628	벨테브레, 제주도 표착			
1631	정두원이 명에서 천리경, 자명종, 화포 등 수입	사		
1636	병자호란		1642	청교도 혁명(~1649)
1645	소현 세자가 청에서 과학, 가톨릭교 등 서양 서적 수입	회	1644	명 멸망/청, 중국 통일
1653	하멜, 제주도 표착, 시헌력 채택	의	1651	크롬웰, 항해 조례 발표
1658	제2차 나선 정벌			
1659	호서지방에 대동법 실시	태		
1662	제언사 설치			
1678	상평통보의 주조	동	1688	명예 혁명
1696	안용복, 독도에서 일본인 쫓아냄		1689	청·러시아, 네르친스크 조약/ 영국, 권리 장전 발표
1708	전국적으로 대동법 시행			
1712	백두산 정계비 건립			

연도	한국사			연도	세계사
1725	탕평책 실시				
1750	균역법 실시			1740	오스트리아 계승 전쟁
1763	고구마의 전래			1762	루소, 민약론 발표
1776	규장각 설치			1765	와트, 증기 기관 완성
1784	이승훈의 천주교 전도			1776	미국, 독립 선언
1785	대전통편 완성			1789	프랑스 혁명, 인권 선언
1786	서학을 금함.				
1801	신유박해				
1811	홍경래의 난			1814	빈 회의(~1815)
1831	천주교 조선 교구 설치		근	1830	프랑스, 7월 혁명
1839	기해박해			1832	영국, 선거법 개정
1860	최제우, 동학 창시			1840	아편 전쟁(~1842)
1861	김정호, 대동여지도 만듦			1848	프랑스, 2월 혁명
1862	임술 농민 봉기			1850	태평 천국 운동
1863	고종 즉위, 흥선 대원군 집권			1858	무굴 제국 멸망
1865	경복궁 중건(~1872)		대	1860	베이징 조약
1866	병인박해, 병인양요			1861	미국, 남북 전쟁(~1865)
1871	신미양요			1863	링컨, 노예 해방 선언
1875	운요호 사건	청		1868	일본, 메이지 유신
1876	강화도 조약 맺음			1869	수에즈 운하 개통
1879	지석영, 종두법 실시	근		1871	독일 통일
1881	신사 유람단 및 영선사 파견			1878	베를린 회의
1882	임오군란, 미·영·독 등과 통상 조약 체결		사	1882	독일, 오스트리아, 이탈리아 삼국 동맹 성립
1883	한성 순보 발간, 전환국 설치, 원산 학사 설립, 태극기 사용	대			
1884	우정국 설치, 갑신정변			1884	청·프랑스 전쟁(~1885)
1885	거문도 사건, 배재 학당 설립, 서울-인천 간 전신 개통, 광혜원 설립			1885	청·일, 텐진 조약 체결
1886	육영 공원, 이화 학당 설립	사	회		
1889	함경도에 방곡령 실시				
1894	동학 농민 운동, 갑오개혁			1894	청·일 전쟁(~1895)
1895	을미사변 / 유길준 서유견문 지음			1896	제1회 올림픽 대회
1896	아관 파천, 독립 신문 발간, 독립 협회의 설립	회			
1897	대한 제국의 성립			1898	청, 무술개혁/ 퀴리 부처, 라듐 발견
1898	만민 공동회 개최				
1899	경인선 개통			1899	헤이그 평화 회의, 의화단 운동

연도	한국사		연도	세계사
1900	만국 우편 연합 가입	근 대 사 회		
1902	서울-인천 간 장거리 전화 개통		1902	영·일 동맹
1903	YMCA 발족			
1904	한·일 의정서, 경부선 준공		1904	러·일 전쟁(~1905)
1905	을사조약, 천도교 성립			
1906	통감부 설치			
1907	국채 보상 운동, 헤이그 특사 파견, 고종 황제 퇴위, 군대 해산, 신민회 설립	청 현	1907	삼국 협상 성립
1908	의병, 서울 진공 작전			
1909	일본, 청과 간도를 안봉선과 교환/ 안중근, 이토 처단/ 나철, 대종교 창시		1911	신해 혁명
			1912	중화 민국의 성립
1910	국권 피탈		1914	제1차 세계 대전, 파나마 운하 개통
1912	토지 조사 사업 시작(~1918)		1917	러시아 혁명
1914	대한 광복군 정부 수립	대	1918	윌슨 대통령, 14개조의 평화 원칙 발표
1916	박중빈, 원불교 창시			
1919	3·1운동, 대한 민국 임시 정부 수립, 대한 애국 부인회 조직	중	1919	베르사유 조약/ 5·4운동
1920	김좌진, 청산리 대첩/조선·동아 일보 창간	화	1920	국제 연맹 성립
1922	어린이날 제정		1921	워싱턴 회의
1926	6·10만세 운동	사		
1927	신간회 조직		1927	난징에 국민 정부 수립
1929	광주 학생 항일 운동		1929	세계 경제 공황
1932	이봉창, 윤봉길 의거		1931	만주 사변
1933	한글 맞춤법 통일안 제정			
1934	진단 학회 조직		1935	독일, 재군비 선언
1936	손기정, 베를린 올림픽 대회 마라톤 우승	민	1937	중·일 전쟁
			1939	제2차 세계 대전(~1945)
1938	한글 교육 금지	회	1941	대서양 헌장 발표 태평양 전쟁(~1945)
1940	민족 말살 정책 강화, 한국 광복군 결성		1943	카이로 선언
1942	조선어 학회 사건		1945	포츠담 선언, 일본 항복, 유엔 성립
1945	8·15광복	국		
1946	제1차 미·소 공동 위원회 개최		1946	파리 평화 회의
1947	유엔 한국 임시 위원단 구성		1947	마셜 플랜
1948	5·10 총선거 실시, 대한 민국 정부 수립		1948	세계 인권 선언
			1949	NATO 성립
1950	6·25전쟁		1950	유엔, 한국 파병 결의

연도	한국사	연도	세계사
1952	평화선 선언	1952	미국, 수소 폭탄 실험 성공
1953	휴전 협정 조인, 제1차 통화 개혁 실시	1954	인도차이나 휴전 성립 / SEATO 성립
1957	우리말 큰사전 완간	1956	이집트, 수에즈 운하 접수 / 헝가리·폴란드 반공 의거
1960	4·19 혁명, 장면 내각 성립		
1961	5·16 군사 정변	1961	소련, 유인 인공 위성 발사
1962	제1차 경제 개발 5개년 계획 (~1966), 공용 연호 서기로 변경	1962	쿠바 봉쇄
1963	박정희 정부 성립	1963	핵실험 금지 협정
1964	미터법 실시	1964	미국, 레인저 7호로 달 표면 촬영 성공
1965	한·일 협정 조인		
1966	한·미 행정 협정 조인		
1967	5·3 대통령 선거, 6·8 국회의원 선거, 제2차 경제 개발 5개년 계획	1967	제3차 중동 전쟁
		1968	체코슬로바키아 민주화 선언에 소련군 개입
1968	1·21 사태, 국민 교육 헌장 선포	1969	아폴로 11호 달 착륙
1970	새마을 운동 시작, 경부고속 국도 개통		
1971	4·27 대통령 선거 / 5·25 국회의원 선거		
1972	제3차 경제 개발 5개년 계획 (~1976), 7·4 남북 공동 성명, 남북 적십자 회담, 10월 유신	1972	닉슨, 중국 방문
1973	6·23 평화 통일 선언	1973	제4차 중동 전쟁, 전세계 유류 파동
1974	북한 땅굴 발견		
1975	대통령 긴급 조치 9호 발표	1975	베트남 전쟁 종식
1976	판문점 도끼 만행 사건	1976	UN, 팔레스타인 건국 승인안 채택
1977	기능 올림픽 세계 제패, 제4차 경제 개발 5개년 계획(~1981), 한국 등반대 에베레스트 등반 성공, 수출 100억 달러 달성	1977	SEATO 해체
1978	자연 보호 헌장 선포	1978	요한 바오로 2세, 교황에 즉위 / 미국·중국, 국교 정상화
		1979	이란의 회교도 혁명 / 중동평화 조약 조인 / 소련, 아프가니스탄 침공
1979	10·26 사태		
1980	5·18 민주화 운동	1980	이란·이라크 전쟁

현대 사회

중국 사회

연도	한국사		연도	세계사
1981	전두환 정부 성립, 세계 기능 올림픽 4연패, 1988년 세계 올림픽 서울 개최 결정, 1986년 아시아 경기 대회 서울 개최 결정, 수출 200억 달러 달성		1981	미국, 왕복 우주선 콜럼비아호 발사
1982	정부, 일본에 역사 교과서 왜곡 내용 시정을 요구	현대사회	1982	제1회 뉴델리 회의
1983	KAL기 피격 참사 / 아웅산 사건 / KBS, 이산 가족 찾기 TV 생방송		1983	국제 조종사 협회 연맹, 60일간 소련 취항 중단 결정 / 미국 UNESCO 탈퇴
1984	LA 올림픽에서 종합순위 10위 차지		1984	영국·중국, 홍콩 반환 협정 조인
1985	남북 고향 방문단 상호 교류		1985	멕시코시티 대지진
1986	서울 아시아 경기 대회	중대	1986	필리핀 민주 혁명 / 소련, 체르노빌 원전 사고
1987	6·29 민주화 선언		1987	미·소, INF 폐기 협정 조인
1988	한글 맞춤법 고시 / 노태우 정부 성립 / 제24회 서울 올림픽 대회		1988	이란·이라크 종전
1989	헝가리, 폴란드 등 동구권 국가와 수교		1989	베를린 장벽 붕괴, 루마니아 공산 독재 정권 붕괴
1990	소련과 국교 수립		1990	독일 통일
1991	남·북한 유엔 동시 가입		1991	발트 3국 독립
1992	중국과 국교 수립		1992	소 연방 해체, 독립 국가 연합 (CIS) 탄생
1993	김영삼 정부 성립, 대전 엑스포, 금융 실명제 실시	회국	1993	우루과이 라운드 타결, 북미 자유 무역 협정 체결
1994	북한 김일성 사망, 정부 조직 개편		1994	이스라엘과 요르단, 평화 협정 체결
1995	지방 자치제 실시, 구총독부 건물 해체(~1996) / 한국, 유엔 안보리 비상임 이사국으로 피선	회	1995	세계 무역 기구 출범
			1997	영국, 홍콩을 중국에 반환
1998	김대중 정부 출범			

장콩 선생의 우리 역사 이야기 3

펴낸날	초판 1쇄 2012년 1월 9일
	초판 6쇄 2019년 9월 24일

지은이	장용준
펴낸이	심만수
펴낸곳	(주)살림출판사
출판등록	1989년 11월 1일 제9-210호

주소	경기도 파주시 광인사길 30
전화	031-955-1350 팩스 031-624-1356
홈페이지	http://www.sallimbooks.com
이메일	book@sallimbooks.com

ISBN   978-89-522-1657-1   13900

살림Friends는 (주)살림출판사의 청소년 브랜드입니다.

※ 값은 뒤표지에 있습니다.
※ 잘못 만들어진 책은 구입하신 서점에서 바꾸어 드립니다.